AF409848

Arquitectura y técnica

Arquitectura y técnica / compilado por Jorge Sarquis - 1a ed. -
Buenos Aires: Nobuko, 2008.
    178 p.: il.; 21×15 cm.

    ISBN 978-987-584-158-1

    1. Arquitectura. I. Sarquis, Jorge, comp. II. Título
    CDD 720

Diseño gráfico Karina Di Pace
Diseño de tapa Vanesa Farias

Hecho el depósito que marca la ley 11.723

ISBN: 978-987-584-158-1

Abril de 2008

Arquitectura y técnica

Compilado por **Jorge Sarquis**

SCA

POIESIS
ΠΟΙΗΣΙΣ

nobuko

Índice

Arquitectura y técnica
Prólogo

Jorge Sarquis
DOCTOR EN ARQUITECTURA, UBA; DIRECTOR DEL CENTRO POIESIS E INVESTIGACIONES UBA,
CONICET, AGENCIA.

En este segundo número de la Revista de la SCA —el 225—[1] en la que
me toca curar, nos proponemos abordar los asuntos de la arquitectura en
relación a las cuestiones de la técnica.

Si el primer número —el 217— estuvo referido a los actos del habitar[2]
y marcó el comienzo de un estilo de conducir la revista por parte de esta admi-
nistración de la SCA, este número reafirma la iniciativa y abrigamos la esperanza de hacer uno próximo dedicado a tratar las cuestiones de la forma en
la arquitectura tan necesitada de debate y esclarecimiento sobre ese punto.

A los invitados a presentar sus puntos de vista, debemos agradecer-
les su aporte, en el espíritu de incentivar el debate sobre los temas de interés
de la disciplina en un momento en que se cuestiona la relación de dominio entre
el saber genérico de la técnica y el específico de la arquitectura y los diseños.

---

1. Dado que tanto la revista n° 217 como la 225 se agotaron, decidimos de común acuerdo con la SCA que
POIESIS publique los mismos contenidos en formato libro: para la SCA 225 la presente edición, y para la
SCA 217, el libro "Arquitectura y modos de habitar", Buenos Aires, Nobuko, 2006.
2. Actos de habitar, denominación que acuñó Pablo Sztulwark, en reemplazo de modos de habitar que remite más a ritos establecidos, como si la dimensión del habitar no tuviese otra posibilidad más que la de repe-
tir sus hábitos.

No hemos podido abordar aquí en profundidad las relaciones entre la técnica y la temática de la sustentabilidad ambiental. Para ello proponemos, siendo éste un tema tan amplio y necesario, que presenten sus problemas específicos en un número de esta misma revista, con un curador idóneo en el tema.

He deseado desplegar en mi extenso artículo, por el cual pido paciencia, un contenido pedagógico que ilustre de la mejor manera un tema que es caro a los arquitectos, pero por diversas causas no suficientemente conocido.

Helio Piñón nos recuerda que la noción de construcción está primero en el proyecto e insita en su misma mirada moderna de la arquitectura. La posición con que este doctor arquitecto y teórico catalán interpreta la cuestión de la técnica llevando el asunto a la justa conjunción de proyecto y materialidad, resulta premonitoria de nuestra posición.

Juan Herreros de Madrid, lleva la cuestión de la técnica a todos los dominios del saber y hasta llega a proponer técnicas del pensar, alejadas de toda ideología, como si esta misma posición no fuera ideológica en sí misma, con el agravante del peligro de conducir el pensar en una nueva técnica que se desarrolla en función de un método para hacerlo.

De Iñaki Ábalos, hemos presentado dos artículos cortos que si bien no son complementarios, nos parecieron necesarios para ayudar a comprender las cuestiones de la era digital y los problemas del ambiente en relación con la arquitectura. Respecto al primero, es importante su argumentación de cómo esta nueva artesanía no debe perder de vista que, de lo que se trata es de hacer arquitectura. El texto sobre sostenibilidad nos advierte que, este concepto es el que en este tiempo está golpeando las puertas de los estudios de arquitectura como una palabra mágica que hay que incorporar al sistema de trabajo y que es imprescindible no dejar de atender en pos de saciar las expectativas de la industria de la construcción.

El relato de Solano Benítez de su proyecto —desde el punto de vista de la gestación proyectual— resulta por demás interesante para comprender la importancia en su obra de la cuestión de la técnica en relación a la materialidad y la concepción moderna ajena a todos los estereotipos formales sin caer en los conocidos expresionismos subjetivos, tan en boga en estos tiempos, cuando se habla de una obra que está adquiriendo un destacado relieve.

De los trabajos que presentamos son esclarecedores los aportes de Alberto Sato, arquitecto argentino radicado ahora en Chile, quien fundamenta el rol de la materialidad y los trabajos técnicos y tecnológicos sobre el campo de la arquitectura. Toma una clara posición cuando sostiene la prioridad que se le dio en la modernidad a la variable espacial, instaurada por la historiografía centro europea de la arquitectura moderna.

Graciela Silvestri despliega la tensión **"entre su ser arte y su ser técnica"** que encarna la arquitectura cuando a través de su historia, no logra

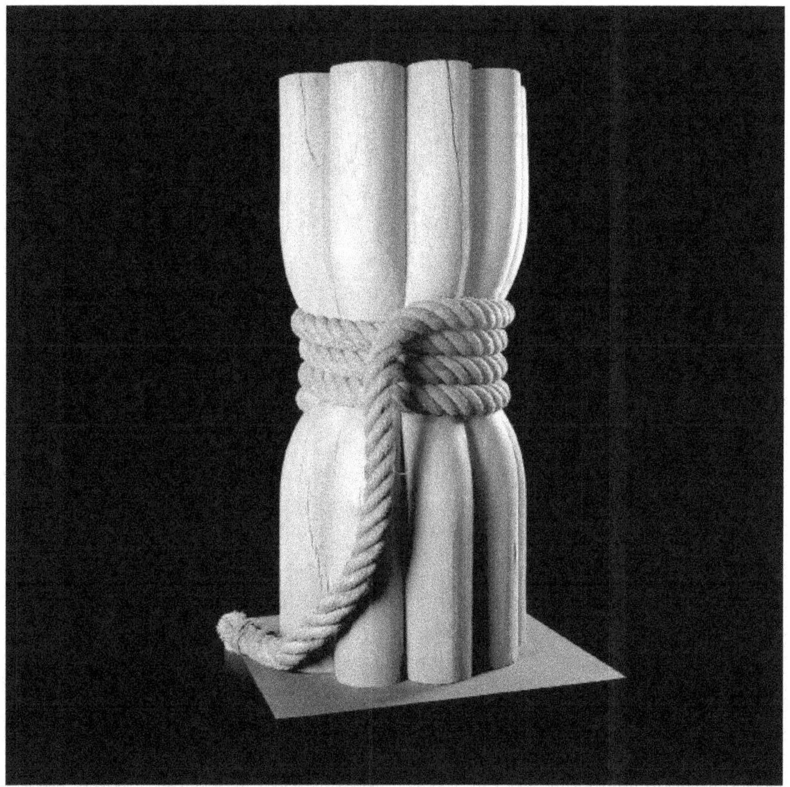

"Cedro y cáñamo", Jorge Gamarra. Gentileza del autor.

desprenderse de la pesantez de sus elementos, exigidos por una técnica vitruviana que los tiene que sostener en el aire, cuando el platonismo le requiere expresar ideas estéticas para satisfacción de las artes bellas.

Pancho Liernur, mediante la exposición crítica de la obra de los arquitectos Richter-Dahl Rocha, con sede en Suiza, realiza un exhaustivo análisis de los elementos de la arquitectura que considera imprescindible no olvidar, si queremos seguir hablando de arquitectura. En ella la técnica y la tectónica cumplen un rol fundante.

Roberto Doberti y Liliana Giordano en **La producción de la forma** plantean los nexos inescindibles entre dos dimensiones de la arquitectura que suelen verse como antagónicas. Lo hacen en dos niveles, uno que podríamos llamar antropológico o constitutivo y otro más específico o particular referido a la mutua incidencia entre la técnica y el sentido en la generación de la forma.

Guillermo Ranea, a partir de las propuestas de Bruno Latour —estudioso de los procesos de la ciencia y la técnica—, se juega y apuesta al rol de los "colectivos" de actores humanos y no humanos en los artefactos de la vida cotidiana, sobre cuyo sentido he puesto en mi texto algunas referencias que pueden ser aclaratorias.

La incorporación de tres jóvenes arquitectos e investigadores de POIESIS, tiene el sentido de alentar a pensar las cuestiones teóricas de la arquitectura, además de proyectar como suele ser el hábito profesional de nuestro medio. En ese sentido, Leandro Costa y Juan Pablo Negro, a partir de la visión heideggeriana de la técnica que subraya el rol devastador de la misma en el planeta, llaman la atención sobre la falta de conciencia de los arquitectos sobre el punto, e invitan a repensar las diferentes instancias de los procesos de producción de la arquitectura por los cuales la contaminación del medio ambiente sufre sus consecuencias.

Federico Eliaschev, nos introduce en el ámbito de la formación del arquitecto en las escuelas de arquitectura, especialmente en la FADU, instando a tomar las cuestiones de la técnica como posibilidades creativas del proyectar y no como frenos a las mismas. Si parece inevitable el destino de perjuicio que la técnica produce, el hacerlo escapando de los estereotipos a que se la condena, permitirá mitigar los perjuicios que ella provoca.

Víctor Álvarez Rea —coordinador de POIESIS— en su doble rol de arquitecto y psicólogo social, despliega la problemática de la entrevista profesional en las condicionantes previas del proyectar, constituyéndola como una de las técnicas a tener en cuenta. Cómo es posible, desde una posición teórica de la arquitectura —que sitúa al cliente como uno de los generadores fundamentales del material proyectual para el discurso arquitectónico—, encontrar una relación fructífera y creativa entre dicho material y la producción arquitectónica a través de una técnica específica.

La curiosidad y acaso la inquietud teórica que ha despertado el foro sobre Fachadas y Cubiertas,[3] no hubiera sido posible hace mas de una década, pues habría parecido banal estudiar el tema cuando hasta entonces —al menos en nuestro país— la estrella indiscutida de la construcción de la arquitectura (en el imaginario proyectual, no así en el mundo real), era el espacio.

Sin duda la trilogía técnica, tecnología y tectónica son inimaginables por fuera de la arquitectura, si bien la primera compete por su carácter genérico y omnipresente desde el nacimiento del hombre, razón por la cual la filosofía la ha tomado entre sus manos, la tecnología o lógica de la técnica ya

---

3. Organizado por la SCA y realizado en noviembre de 2006, en Buenos Aires.

es propiedad de los saberes particulares y más aún los especializados, con sus rutinas y automatismos propios de la era moderna lo que para muchos ocluye el acceso a la creatividad restando posibilidades a la arquitectura, finalmente la tectónica es lo mas propio y específico de la arquitectura, desde sus raíces lingüísticas hasta su peso marcando a la arquitectura por su materialidad y la manera en que esta nos provoca sensaciones que la percepción decodifica según los imaginarios dominantes de materiales nobles e innobles, cálidos y fríos, etc., etc.

Son muchos los abordajes o cortes que se pueden hacer al problema de la técnica y de allí su complejidad y a la vez riqueza del término o concepto en todos los tiempos de la historia. Podríamos decir que el hombre técnico es tan básico como el **homo faber**, u **homo ludens**, u otros que los pensadores han interpretado para todos los hombres, en todos los tiempos. Esto nos comprometió a estudiar el tema con mayor esmero y esperamos que este libro brinde las respuestas esperadas, pero por sobre todo despierte preguntas inesperadas para continuar la conversación aquí iniciada.

Arquitectura y técnica se disuelven en el espacio
Introducción

Jorge Sarquis
DOCTOR EN ARQUITECTURA, UBA; DIRECTOR DEL CENTRO POIESIS E INVESTIGACIONES UBA, CONICET, AGENCIA.

Como suele ocurrir redacto esta introducción al finalizar el texto y descubro el afán pedagógico que alberga y también su ambición de totalidad, pero pienso que una cosa se potencia con la otra. Las innumerables citas tienen una voluntad de respeto al lector más que a los autores de las mismas, ya que lo que me preocupa en una materia en la que tanto se piensa —sea o no en relación con la arquitectura—, es dar a conocer la mayor cantidad de versiones sobre el mismo tema y siempre ligadas a intereses situados, en el tiempo y en el espacio. Sé que muchos agradecerán la orientación y otros, tal vez, vean en esta actitud un gesto de soberbia. Al menos no es intencional.

1. Arquitectura y técnica

La relación entre la arquitectura y la técnica fue desde siempre, un maridaje inseparable, pero también conflictivo. Así como la técnica es un conocimiento genérico, la arquitectura y los diseños son conocimientos específicos. Es cierto que su destino se ha jugado con otros **componentes**, como los necesarios aspectos constructivos y la "bella" perfección de sus formas espaciales.

La técnica es también una **dimensión** del saber de muchas disciplinas, en la cadena de la episteme fractal, forma con la teoría y la metodología, una trilogía necesaria siendo ella —la técnica— el momento de la concreción, y la teoría la de mayor abstracción.

En igual medida podemos afirmar que la técnica posee una **finalidad** externa a su propio saber, e interna a la misma, y sobre ambos debemos predicar en la historia y en la actualidad.

La técnica posee, también en el caso de la arquitectura, diferencias según se trate de los **campos** de acción donde le toca operar: la formación, la investigación o la profesión. En cada uno de ellos cumple un rol específico y diferente.

Por último la técnica puede y debe pensarse en función del **contexto** en que le toca actuar, así sea histórico temporal o físico espacial. Esto nos sitúa en Latinoamérica con los compromisos y obligaciones pero también con las posibilidades de creación que ellos nos brindan.

Contexto, campos, fines, dimensiones y componentes son variables o claves de la arquitectura necesarias para su construcción, pero también para su comprensión. Desde luego que postulamos esto desde nuestra posición teórica respecto de lo que creemos que la arquitectura es, o nos interesa que sea.

Así, pensamos, lo entendió Vitruvio en el siglo I. de la Roma imperial, aunque con muchos otros matices; con el mismo criterio podemos hablar de Alberti en el siglo XV. No obstante haber nacido como (arte, y por) diferencia con la construcción cotidiana, tal vez diez siglos antes de Cristo en la Grecia pre-helénica, las fechas de su origen y los modos y maneras que se pasó de la arquitectura llamada predisciplinar, o mejor, construcción espontánea, a la llamada disciplina académica; su genero próximo era la **poiesis kai tejné**, sobre la que Aristóteles teorizó rigurosamente.

Podemos aplicar aquí la fórmula, género próximo y conocimiento específico, propio de las definiciones aristotélicas del saber. ¿Cuál sería el género próximo de un saber que es en sí mismo un saber genérico aplicable a casi todos los saberes? Podemos decir, en términos griegos, que la noción de arte, es casi idéntica a la de tejné, y no podemos entender por ese arte aquellas producciones simbólicas que luego conoceremos ligadas a la belleza a partir del Renacimiento y más aún del Romanticismo: a estas expresiones debemos llamarlas Arte.[1] ¿Cuál sería entonces el género próximo? Tal vez la **poiesis**, el hacer práctico fabricante, pero éste está cargado de la idea de finalidad; en cambio para reconocer cuál es el género próximo en la técnica es necesario adentrarse en las interpretaciones posibles de la noción de técnica.

---

1. Estamos hablando de Arte con un relato externo a sus obras, construido por los especialistas; cuando hablamos de arte (con minúscula) nos referimos a las obras anteriores ligadas a un saber hacer de "poiesis kai tejné".

No olvidemos que para los griegos la noción del hacer con arte se identifica con el hacer con técnica. La palabra arte, en este caso, es un verbo y, además, un sustantivo que identifica los productos del hacer con **tejné** y arte. A diferencia que para los romanos será con **techné** y **ars**. Como vemos la idea de técnica —en cuanto a destrezas y habilidades— es en el origen impensable sin la idea de arte.

2. Género próximo y diferencia específica

Veamos como lo ve un pensador argentino: Emilio Estiú.[2] "Como es notorio, la definición, se logra por apelación al género próximo y a la diferencia especifica", Así Platón y Aristóteles podrían haber definido el arte como una técnica mimética.[3] Aquí la tejné es el genero próximo y la mimesis la diferencia específica". Aquí comienza a perfilarse la idea de "hacer con arte" para las producciones irreales o in-útiles llamadas obras de arte y con técnica a las llamadas reales o útiles. Creo que la diferencia específica del arte respecto a la **tejné**, si es la **mimesis,** se refiere a que la técnica se utiliza para todas las actividades poiéticas del fabricar y en el arte la **mimesis** es un componente fundamental para lograr una obra que pueda considerarse de arte. Esto contradice, aparentemente, la misma noción de **arte = tejné** de los griegos para todas las "construcciones poiéticas". Desde luego que podemos diferenciar la Victoria de Samotracia de una maravillosa y perfecta ancla o proa de nave insignia y ellos lo diferenciaban con estos criterios: arte in-útil (o irreal para Platón) de arte útil o real. Sabemos que esta in-utilidad era tan prestigiosa como la ciencia o la filosofía, instauradas en el sitial más alto de los saberes.

Es también necesario diferenciar la noción de **mimesis** a partir de referenciar en el mundo real, de la **mimesis** que se inspira en principios o reglas de construcción de la forma (válido para los formalistas y no para los metafísicos). Los primeros creían necesario para configurar una obra perfecta con unidad, armonía, simetría, proporción, euritmia, ritmo, etc. Para los segundos la identificación inspiradora lo era con la belleza metafísica, con el cosmos y el amor.

Para Aristóteles la palabra tejné no acentuaba, como entre los modernos, el carácter activo y operante de una ciencia natural, sino el saber en uno de sus grados superiores.

---

2. ESTIÚ, Emilio; "La concepción platónico aristotélica del arte: técnica e inspiración". Revista de Filosofía, Buenos Aires. Este artículo fue digitalizado por Juan Pablo Negro.

3. Aquí comienza a perfilarse la idea de "hacer con arte" para los productos irreales llamados obras de arte y con técnica los llamados útiles o reales.

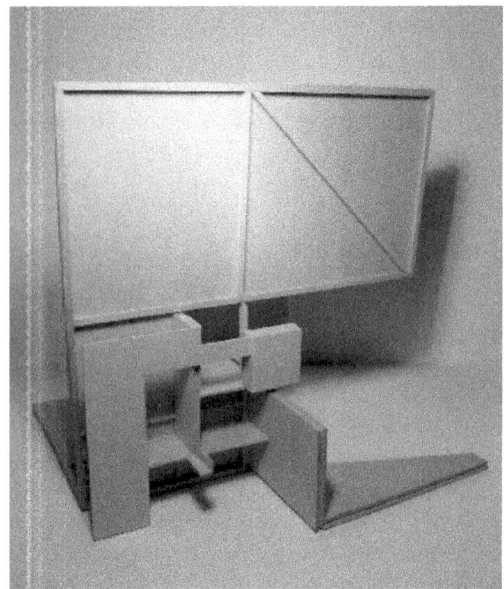

Maqueta del trabajo del Arq. César Padilla, Taller de Investigación Proyectual, FADU-UBA, curso 2005.

Dice Heidegger: **"La técnica era un modo de saber o de conocimiento que a diferencia de los que se hallan en el animal, y que están dados en su naturaleza de modo total o parcialmente instintivo, debe ser adquirido por la enseñanza, la práctica y la experiencia".**

Existen, entonces, tres sentidos o interpretaciones de la idea de técnica, siguiendo a Estiú:

    a. entendida como saber

    b. entendida como tenencia

    c. entendida como producción

a. La técnica entendida como saber

En la metafísica, Aristóteles establece los grados ascendentes del conocimiento, ellos son: **la sensación** es el comienzo del rudimentario saber, le sigue **la memoria**, luego **la experiencia** y a ésta, **la técnica.** Por encima de todos estos se instauran los saberes teoréticos: **la ciencia especulativa y la filosofía,** como saberes puros, sin fines, in-útiles.

En esta clasificación y al mismo tiempo génesis histórica de los conocimientos, se muestra el ascenso de los saberes particulares a los universales,

de los contingentes, a los necesarios, de los empíricos a los racionales. El saber técnico es:

- universal por su validez,
- necesario por el conocimiento de las causas o del por qué de lo sabido y
- racional por la facultad cognoscitiva que en él interviene.

Sin embargo difiere de la ciencia especulativa y la filosofía porque —como indicó Platón reiteradamente— los saberes técnicos son especializados, restringidos a dominios parciales de conocimientos, puestos que éstos se encaminan a la producción de una obra determinada.

b. La técnica entendida como tenencia

Así convertido en una **tenencia** (**ésis** o hábito) del hombre, éste tiene la capacidad de producir algo, con saber o conocimiento de lo que produce.

En la técnica el conocimiento se obtiene en virtud de la ejercitación y la práctica:"el instrumento —decía Platón en La República— no servirá de nada a quien no haya adquirido el conocimiento de cada ocupación, ni practicando los ejercicios necesarios. Mediante la práctica y la ejercitación se adquiere un saber que constituye algo así como la segunda naturaleza del hombre. A esta capacidad o habilidad derivada de la experiencia, Platón y Aristóteles la denominaron "esis", y los latinos la tradujeron como hábitus, hábito. También en la modernidad este término se tradujo como repetición más o menos mecánica de cierta actividad. Platón en el "Gorgias" y en el "Fedro" advertía explícitamente que una cosa es la técnica y otra la rutina. Por medio de la ejercitación el hombre adquiere una disposición estable, una tenencia.

En la **tenencia** se incluyen tres ingredientes fundamentales:

1. Es algo que se tiene, no que se es. Con ello se establece el carácter adquirido del saber técnico.

2. No se posee de manera accidental y fortuita o transitoria, sino que se la tiene de modo duradero o constante, una vez que el conocimiento técnico correspondiente ha sido logrado.

3. La tenencia es independiente del acto de ejercitarla: como se trata de un saber "que se tiene", ella constituye una **segunda naturaleza**, sobreañadida a lo que se es, y su ejercicio no necesita ser actual.

Por esta característica, las tenencias ocupan **un puesto intermediario entre la potencia y el acto**. Si aprendo a tocar el piano y lo domino seré un pianista en potencia, poseo la tenencia pero no la ejerzo, no necesito hacerlo. Sólo seré pianista en el acto de interpretar cierto trozo musical con ese instrumento.

Creo conveniente señalar la diferencia con la poiesis que es un hacer con fines externos concretos: hacer una silla, una escultura, una pintura, o un techo.

Así la técnica además de ser un conocimiento que linda con lo teorético, es una tenencia, un saber no especulativo derivado de la ejercitación y la práctica.

c. La técnica entendida como producción

El conocimiento técnico es productor (poieticós): de allí que tanto el poeta como el carpintero sean hacedores. Las palabras "poesía" y "poeta", que entre nosotros designan una forma particular de arte y su autor, significaban eso mismo para los griegos pero además, el sentido de ellas se extendía y abarcaba cualquier actividad productiva o fabricadora de algo.

Nos interesa retener (y yo creo que es fundamental) el hecho de que, mediante el acto operativo, llega a ser (un) algo que de otro modo (por naturaleza) no era. A lo que es, sin deber su ser a causas o principios generales lo denominaos "artificial" —producida por el **ars**, por la **tejné**. El principio de la existencia de la cosa fabricada no se halle en ésta, sino en el agente que la produce.

Aquí es fundamental el rol del material, la causa material posibilita la producción y además la causa eficiente de quien es el agente que opera en conocimiento de las reglas.

Veamos la síntesis final y las conclusiones que nos ofrece E. Estiú:

1. Los griegos entendieron la obra de arte como el producto de una **técnica mimética**, cuyo resultado **estaba en imágenes irreales** (a diferencia de lo que ocurría con las demás técnicas, que producen también cosas artificiales, pero reales). Platón descubrió la **naturaleza irreal** de las imágenes artísticas y con ello aclaró la esencia misma de la obra de arte. Paradójicamente, ese fundamental descubrimiento le sirvió para condenar la actividad artística.

2. Por tanto, a los griegos les fue extraño el concepto estético de belleza y la noción moderna de "bellas artes". No debemos olvidar que son los renacentistas[4] los que adhieren la idea de belleza a las obras de los griegos que sólo aspiraban a que fueran miméticas y perfectas.

3. Dado el carácter técnico del arte, el artista no se diferenciaba del resto de los artesanos y se lo concibió como artífice.

4. Mediante la teoría platónica de la inspiración, sin embargo el arte se diferenció de las técnicas en general y el artista del artífice, puesto que, en sus producciones, el último recibe el auxilio de un entusiasmo supra-racional que lo convierte en lo que más tarde se llamará genio.

5. De este modo, se originaron en Grecia las dos concepciones acerca del origen del arte que dominarían la historia de Occidente: por una parte, la que hacía depender las producciones del artífice de la habilidad técnica, que éste obtenía por el conocimiento y la aplicación de reglas preestablecidas; por la otra, la que acentuaba el carácter genial de la creación artística, independiente de toda norma objetiva y ejercida según los dictados de la propia originalidad.

Así la palabra "arte" se llenó de un contenido que originalmente no tenía: **la belleza.** Tan arraigada está entre nosotros el acoplamiento de los términos arte y belleza que olvidamos que fue recién en el Renacimiento (siglo XV) y posteriormente generalizado a partir del siglo XVIII (Romanticismo) que le otorgamos validez supratemporal.

Así se le otorga a la idea de "belleza" un sentido estético relacionado con el arte que los textos antiguos no justifican. Al lector moderno le es muy difícil separar arte y belleza y más aún explicar el arte sin apelar a la belleza. Al explicar el arte como **"técnica mimética", propusieron una filosofía del arte que descubrió lo esencial del problema estético, fuera del contexto de lo bello.**

---

4. GUERRERO, Luis Juan. "¿Qué es la Belleza?". Colección Esquemas N° 12, Columba. 1954, Buenos Aires.

A esta división en el interior de la concepción del arte, debemos agregar la que indica Plotino (siglo III) cuando advierte que estas dos palabras utilizadas para hablar de las mismas actividades comienzan a separarse buscando cada una un destino y significado diferente, la tejné da origen a la técnica y ciencia experimental en el Renacimiento y deviene en la actual tecno ciencia moderna. La idea de arte es tomada en el siglo XV y desde el Romanticismo del siglo XVIII se asume como Arte Bella, con su sistema y sus categorías de clasificación.

Hasta aquí la noción de técnica, sus diferentes acepciones y su relación básica con la doble idea de arte. Como dijimos que la técnica estaba relacionada íntimamente con la noción de arte en cuanto a una palabra que designaba el hacer, el fabricar. Pero, la palabra arte designaba también a los entes productos de la poiesis de objetos tanto reales como irreales. A estos últimos se los designa como obras de arte cuya base era una técnica mimética. Mimética respecto a los objetos reales en los cuales se referenciaba y objetos irreales por ser creados al efecto. Pero hay un tercer tipo de mimesis, aquella que se inspiraba en **los principios** de ese hacer: la unidad de la obra, la proporción, la armonía, la simetría, el ritmo, la euritmia, etc. que dio lugar a las estéticas formalistas vigentes hasta bien entrada en la modernidad.

Si bien la idea de arte, no es la misma que la que se impone a partir del Romanticismo, ni en el sentido del significado de la cosa, ni de la misión o rol social de la obra misma, sin duda ya no está ligada a la técnica, aunque paradójicamente, en los debates mas actuales, escuchamos a un Félix de Azúa postular que ante la muerte del Arte con mayúsculas y el fin de la conjunción, antes inseparable entre arte, belleza y estética, la filosofía retoma un rol central[5] para redefinir el rol ontológico de la obra de arte, desligada de la estética y desde luego la belleza y se asume a la técnica como la única ancla que le queda al arte para ofrecer productos basados en un buen saber hacer, como si esto fuera posible olvidando los múltiples compromisos de la misma con la razón instrumental y los imaginarios que el uso de la técnica nos ha dejado. Sobre este punto volveremos luego.

La salida a la crisis terminal del "Arte después de la estética" instalado en el campo del debate, por Danto, es para Félix de Azúa, con la técnica o arte del buen hacer, una especie de retorno a los griegos. No advierte aquí el catalán que también la idea de técnica tiene imaginarios que van a influir en la cuestión de ¿a qué vamos a considerar una obra realizada con una buena técnica?, ¿será aquella que cumpla con excelencia con el fin para la que fue realizada? Parece una solución difícil de comprobar.

---

5. DANTO, Arthur C. "Estética después del fin del arte", Libro que recopila las ponencias del Congreso de Murcia con este título. Madrid 2.005. La balsa de la Medusa.

3. La técnica como saber en relación a la metodología y la teoría

La idea de técnica como vimos antes, sintetizada en la versión de Estiú, nos lleva a incorporar lo que en Vitruvio cumplía un rol derivado de su génesis ligada a la retórica de Cicerón: la armonía de los elementos materiales y pesados para su concreción. Así la técnica se compromete con la producción, desde su saber hacer, pero desde el platonismo renacentista, se mantiene ajena a la materialidad que implica esa técnica.

El "olvido" de la materialidad, ¿cómo se manifiesta en la relación actual entre la teoría y la técnica?, (sin descuidar el pasaje por la interfase de la metodología, que sospechamos no va a ser pacífica y ajena a los conflictos entre ideas contrapuestas. Si la teoría se corresponde con la metafísica, y ésta se define —según el heideggeriano Trías—:

"... como la determinación de un lugar externo a cierto surgimiento que permite, desde fuera, orientar, determinar, decidir, plasmar y dar forma y fin a éste. Esa exterioridad determina el sentido y el destino de ese pensar (metafísico) que, por vocación y tradición, se sitúa fuera (de lo físico, del mundo) con el fin de fundarlo (crearlo), darle forma (plasmarlo como mundo, como kosmos), darle un fin de antemano visible y previsible".

"Lo interesante es que esa definición del pensar metafísico coincide en todos sus términos con lo que, desde Platón y Aristóteles, se llama techné, raíz del término técnica en su significación moderna. Pues tejné es una acción orientada a cierta finalidad (telos). Que de antemano puede preverse, en razón de la cual se da razón (logos) de todos los pasos encadenados que permiten disponer los medios que se encaminen a ese fin (causa final, ou éneka) es, pues pensamiento causal que regula y legisla de modo general un proceso, una acción de carácter eminentemente productiva, con vistas a conseguir cierto fin útil (ofelimós), o cierto bien (agathon), de manera que se remedie, mejore, modifique o transforme un proceso natural.[6] La técnica es así el brazo ejecutivo de la metafísica, la acción productiva que ésta, como nodriza, hace posibles".[7]

La prolongada cita, por la que solicito me dispensen, creo que es necesaria para advertir algo que suele quedar desligado de su contexto interno del saber de la técnica, y es su relación con la teoría. En este caso la hemos homologado con la filosofía, concientes que no es idéntica, pero que

---

6. Véase el "Gorgias", de Platón, donde se da un esclarecedora determinación de la tejné.

7. TRÍAS, Eugenio. "Lógica del Límite". Ed. Destino, Colección Ensayos. Barcelona, 1991, p. 279-280.

tomando la escisión al interno de la teoría que Aristóteles postula como **sophia, nous** y **episteme**, cuyo conjunto es posible entender como una verdadera filosofía. Lo que queda claro es la íntima relación epistémica entre la teoría y la técnica y de ella no es posible excluir a la metodología, escuchemos las opiniones de Trías al respecto:

> "... una filosofía se pone a prueba, en razón de su capacidad por abrir una brecha metódica al pensamiento que le permita iluminar de sentido aquellos aspectos de la existencia subjetiva y objetiva que suelen quedar en la sombra o en la penumbra en el curso de la aventura vital. La cuestión del método es decisiva. Y la autoconciencia de esta cuestión es la característica misma de la filosofía moderna, que de Descartes en adelante cifra su identidad en esa autoconciencia metódica. Así el concepto hegeliano de contradicción, es un concepto netamente metodológico. Este da camino (método) al pensar, al enfrentarse este fenómeno (por ejemplo una forma artística, una época histórica, una categoría lógica o una figura de conciencia) y a la vez produce la reflexión teórico-conceptual sobre la razón que determina y orienta ese camino; por eso el concepto es método-lógico (y no tan solo metódico)..."

Si la técnica tiene una íntima relación con la teoría y en la filosofía, no es posible ignorar la metodología como camino para explorar, en el caso de la relación entre la técnica y la arquitectura su desarrollo se hace imprescindible.

4. Sobre las causas aristotélicas y la creatividad

Aristóteles reconoce cuatro causas en la producción poiética de toda obra: la causa formal, la material, la eficiente y la final, y las coloca en este orden. Estas no se pueden aislar y separar o negar su presencia sin destruir la unidad total de la obra, actitud esta, en todo caso, más ligada a la situación posmoderna que no reconoce encadenamientos ni lógicos, ni necesarios, de los momentos señalados.

El tema de la creación es un tema objeto de reflexión de la era moderna (siglo XV) y acentuado en el siglo XX por la aparición con mucha fuerza de la creatividad que implica tanto a sujetos como a objetos. No es que lo griegos y romanos no apreciaran la creación, pero ésta se concentraba en la perfección y la **mimesis** y no en la belleza. Ya Aristóteles había aventurado una hipótesis sobre la **poiesis** en la que, según sea la disciplina, se operará con una **techné** determinada. La **poiesis** es el proceso o génesis creativa orientada a un fin, en cambio la posesión de una **techné** es básica pero, si no tiene un objetivo, carece de sentido.

En nuestras hipótesis sobre la creación, sostenemos que toda obra se gesta a partir de la existencia de reglas y materiales. Intentaremos relacionar algunos elementos de la Creatividad[8] con las cuatro causas aristotélicas.

1ra. Causa Formal	Materia + Forma = Sustancia (Forma lo que hace que una cosa sea lo que es)	**causas intrínsecas**
2da. Causa Material	La materia: el material con que una cosa se hace	
3ra. Causa Eficiente	Agente transformador Con sus reglas del hacer o techné Pasa de la potencia al acto.	**causas extrínsecas**
4ta. Causa Final	Objeto terminado, pero también aquello por lo cual una cosa se hace	**atento a los fines trascendentes**

La causa final emerge cuando comienza el modo de recepción y en la cultura moderna aparece lo paradigmático, los valores, los códigos, las convenciones que formaron nuestro modo de interpretar y de ver. Si la causa formal es el proyecto, ¿cómo aplicar este esquema al mismo?

Es decir que puede aplicarse el esquema aristotélico de las causas al proceso proyectual tanto como a la construcción de las obras.

1. Causa formal: la obra que quiero según los planos. La causa formal podría ser la idea de lo que quiero hacer, según la causa final. Es decir que puede aplicarse el esquema aristotélico de las causas al proceso proyectual tanto como a la construcción de las obras.

2. Causa material: La causa material podría entenderse, con Adorno, como materiales proyectuales: formas preexistentes (**venustas**), comportamientos a albergar (**utilitas**) y materiales físicos y sistemas constructivos (**firmitas**) y También el dinero.

3. Causa eficiente: Proyectista, director de obra, comitente, empresa. La causa eficiente la asume el proyectista con sus reglas (**techné**) del hacer y sus principios teóricos, metodológicos y técnicos (es decir la **poiesis**), que persigue una finalidad intencionada.

4. Causa final: La obra terminada, que incluye el habitar, la crítica y el campo intelectual. Por ejemplo: hacer una casa para cobijar la

---

8. SARQUIS, Jorge. "Itinerarios del Proyecto". Nobuko, Buenos Aires, 2003, p. 210.

convivencia feliz de una familia, la causa final sería: hacer una casa para que viva bien la gente, o para comerciar, o para aparentar.

Hemos tomado a Aristóteles porque nos aparece como el primer ordenamiento de la creatividad, a través de las causas, de un modo sistemático y además como complemento entre la poiesis y la techné.

5. La técnica y la tecnología

Hay dos pensadores contemporáneos que, desde perspectivas distintas, exploran el tema en cuestión. Alberto Sato, arquitecto, nos ofrece una mirada crítica de la materialidad y la técnica que fueron desatendidas por absolutizar la cuestión espacial como único protagonista de la arquitectura. El segundo es Bruno Latour, antropólogo de la ciencia, que defiende la ciencia y la técnica ante los ataques de los filósofos a los que asigna una ignorancia del hacer específico de las mismas.

Alberto Sato desde su posición, menciona en su artículo en este mismo número y del cuál quisiera transcribir algunos términos, ideas con las que acordamos.

1. La Técnica es una destreza destinada a una finalidad práctica.

2. La Tecnología es una forma de conocimiento con finalidad práctica y es material, conformando un conjunto de acciones socialmente estructuradas.

3. La diferencia entre Técnica y Tecnología es epistemológica. La técnica establece procedimientos con la aplicación de conocimientos; la tecnología establece conocimientos con la aplicación de procedimientos.

4. Actualmente, muchas prácticas tecnológicas son ciencia aplicada o ingeniería.

7. El proyecto arquitectónico no forma parte del sistema de las ciencias, porque ni teórica ni empíricamente establece leyes generales, no investiga según sus metodologías, ni establece relaciones recíprocas con la ciencia; pese a todo esto, crea conocimiento.

8. Entonces, la Tecnología, cuando experimenta y propone modelos habitables, es arquitectura y crea conocimiento.

9. La arquitectura, créase o no, se hace con materia, los edificios se hacen con materiales.

10. Así, se hipotetiza que el Proyecto arquitectónico es una forma de conocimiento y que su finalidad práctica no son indicaciones técnicas, sino propone modelos físicos de habitar; por esta razón, es una tecnología.

11. La esencia de la tecnología es el arte, dice Martín Heidegger. Si se acepta esto, la arquitectura es arte en tanto que tecnología.

12. Desde la modernidad, se insiste en abandonar la realización de la arquitectura como tecnología. La categoría que lo facilitó es la noción de Espacio.

Estas distinciones permiten establecer con mayor nitidez las relaciones necesarias entre técnica, ciencia, tecnología y arquitectura, necesarias para una comprensión más actual de estos problemas desde una posición con quién coincidimos por su revalorización de la causa material.

Bruno Latour será transcripto con mayor extensión, porque es imposible ignorar sus propuestas de defensa de la ciencia y la técnica.

Primer significado: la técnica es un programa de acción de pasos sucesivos o mediaciones.

Esta conclusión emerge de observar las técnicas de acción en la investigación científica.

Segundo significado: cuando en el camino (método) principal del conocimiento se produce una interrupción y hay que apelar a la metis del episteme. (Metis es el rodeo de Dédalo).

El segundo significado de la mediación técnica es la composición. Hemos sido fabricados por las herramientas que hemos fabricado.

Si la vivienda es una máquina de habitar ¿en qué medida nos ha fabricado a los humanos?

Es de suponer que si un espíritu maquinista nos ha inspirado para hacer de una casa, una máquina de habitar, ¿no creará, entonces, hombres máquinas que habiten una herramienta que cumple funciones específicas, pero desarticuladas, formadas por mediaciones inconexas?

Tercer significado de mediación técnica: el pliegue del tiempo y el espacio.

Dice Latour: "Conocer la mediación técnica que en algún momento queda cajanegrizada, que vuelve opaca la relación entre humanos y no humanos o artefactos es sumamente importante. Nuestra ignorancia es insondable.[9] Ni siquiera somos capaces de cuantificar su número, ni decir si existen como objetos, como ensamblajes —tema de la armonía, desde Vitruvio a Alberti— o como secuencia enumerable de acciones cualificadas.

¿Cómo se aplica este concepto en la arquitectura?

a. El proceso proyectual, es casi por completo una caja negra. Si bien desde POIESIS hemos formulado el emprendimiento proyectual macro en cuatro fases (programa, ideas, formalización, documentación) y micro dialéctico (propositivo-reflexivo), según el campo de acción (formación, investigación, profesión), en actos sucesivos

---

9. LATOUR, Bruno. "La esperanza de Pandora". Gedisa, Barcelona, 2001, p. 221.

temporales infinitesimales en tiempo entre proposiciones y reflexiones; es mucho lo que aún falta conocer sobre los diversos planos de conocimientos que allí se juegan. Este ítem, se despliega en el tiempo del actante humano que se apoya en actantes no humanos (lápices, papeles, computadoras, mesas, sillas, etc.) haciendo difícil desentrañar cuando actúan separados y cuando plegados. Los artefactos no humanos están en el espacio y existen en el tiempo. El proceso proyectual parece estar sólo en el tiempo, pero su producción ocupa un lugar en la **res-extensa**.

b. En el proceso constructivo de la obra existen innumerables mediaciones técnicas.

c. En el proceso de uso de la obra que existe en el espacio y en el tiempo. Aquí la forma de habitar con el hábito, el hábitus, produce el hábitat y tal vez la arquitectura. De esto es poco lo que sabemos.

Cuarto significado de la mediación técnica: franquear los límites entre signos y cosas.

Con una ontología variable los signos pasan a ser cosas y las cosas signos.

Si el habitar de los actantes humanos-no humanos en colectivo, franquea los límites tradicionales de sujetos y objetos, o cosas y signos, o palabras y cosas en una ontología variable donde los lugares de la vivienda como dormitorios, comedor, estar, baños, cocinas, sin duda cosas, objetos, comienzan a ser palabras y signos cuya permanencia estable en su estatus ontológico dificulta su diseño, no debería repensarse esta relación entre ambos tipos de actores? Katya Mandoki nos ha dado una caja de herramientas conceptuales para indagar estas relaciones cuando los actores no humanos se estereotipian en soluciones que no solucionan ninguno de los nuevos problemas planteados.

¿Los tres registros lacano-vitruvianos[10] pueden dar cuenta del estatus ontológico de un hecho o cosa que muta de un ser a otro según condiciones o determinaciones externas o internas y cuya lógica o estatus epistémico cambia permanentemente?

En principio parece que el modelo de los tres registros ofrece las posibilidades de captar las variaciones ontológicas mencionadas, en cada uno de los tres planos de las dimensiones de la arquitectura.

---

10. Lacan ofrece la idea de tres registros para comprender la la subjetividad humana, siempre cambiante según sea el contexto en el que se mueve. El Real se corresponde a la totalidad del mundo, a la cosa en sí que irrumpe y nos es indominable; el simbólico registra la información mensurable y que se puede estructurar mediante signos y símbolos; el imaginario refiere a todo lo que proviene de interpretaciones que se constituyen en imágenes en la mente del sujeto.

No hay sujetos, ni sociedad viviendo aislados de los objetos que sólo existen fabricados por los sujetos y en mediación con ellos.

Si esta representación del mundo real que hemos construido, si esta explicación revela la verdad del ser de las cosas y los hechos, o es lo más aproximado que podemos decir para dar cuenta de las formas de vida de las metrópolis en el mundo occidental, podemos seguir avanzando hacia la comprensión de la relación que se establece entre:

Las subjetividades que se forman (no son influidos desde el exterior) por y con los actores no humanos. Ambos forman lo que Latour llama un "colectivo" de humanos y no humanos. Los actores no humanos se forman (obtienen su forma y su uso) por la acción de los humanos.

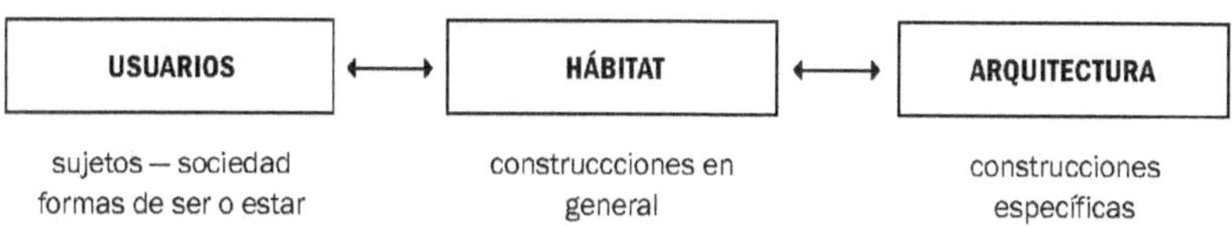

Esta pregunta ¿Cómo se inter-relacionan y se inter-influencian los humanos (nivel real, simbólico e imaginario) y la arquitectura (artefacto no humano)?, no es del mismo tenor o registro que la pregunta ¿cómo se inter-relacionan e inter-influencian entre los humanos (individuales o sociales) y el arte (artefactos artificiales, inútiles con intenciones significativas y de autor en este momento histórico?

Aquí hay varios puntos a destacar:

1. La arquitectura es útil e interesada, e inútil y desinteresada según sea los aspectos que se consideran.

2. El arte ha cambiado de concepción desde Hegel (1840) a Danto (1985).

3. El arte (lo no humano) y el deseo (lo humano) mantienen una relación incierta que ha cambiado incluso desde su definición heideggeriana de revelación de la verdad del ser, o desde la definición del arte como resistencia a la hegemonía de la tecnociencia, o como resistencia a las convenciones pasatistas establecidas, o como utopías de un futuro reconciliado, entre el hombre y la naturaleza, según Adorno.

4. Pareciera no quedar otro camino que el de elegir la concepción teórica donde quedar cobijados y desde allí emitir cantos de sirena para crear un mundo más confortable y de buenas formas en parte aceptadas y en parte convencionales, o negar disminuir o reducir el arte a un rol consolatorio porque no puede activar las conciencias y producir cambios hacia un mundo mejor.

¿Para qué buscar que la gente viva mejor elevando su calidad de vida? ¿La arquitectura sólo puede aspirar a ser un útil —para la gente— cuando cumple fines prácticos externos?

Los aspectos estéticos formales que generan placer se encuentran en una aporía: si cumplen tal cometido son consolatorios, si le revelan el mundo real de las formas de vida ganan en autenticidad, pero a costa de hacerlo mediante FFECCHAS[11] nuevas y éstas suelen ser rechazadas porque implican u obligan a un trabajo que no todos pueden hacer (o están entrenados para ello) y de estos últimos no todos lo quieren hacer.

¿Qué hacer?, ¿abandonar la búsqueda de una teoría que nos ampare (o cárcel según Hegel)[12] y desde allí poder incidir más en el mundo real?

¿Pero no es éste un indicador instrumental inaplicable al campo del arte o la producción de formas simbólicas? ¿Resignarse a la imposibilidad de transformar por el arte y solo asignarle el rol de ser esclarecedor y testimonial? ¿Es esto suficiente para justificar su existencia?

Por ahora no es poca cosa: saber donde estamos parados, conocer los límites o alcances del hacer disciplinar, provee fundamentos y sentido a la batalla por una mejor arquitectura, con toda la relatividad que tiene hoy este juicio.

6. Técnica, tectónica y carácter en la obra de arquitectura

En noviembre de 2006 presenté una ponencia al Congreso de la "Envolvente Arquitectónica", lo que me dio la oportunidad de indagar sobre temas que la arquitectura tenía olvidados: la cuestión de las fachadas y cubiertas desde el punto de vista de la materialidad. Estas son las conclusiones.

En un registro observable y mensurable, la envolvente es el límite del espacio arquitectónico, aunque reconocemos que desde la modernidad se privilegió el espacio como protagonista de la misma. Desde hace no más de una década, comienza a repensarse intensamente el asunto. Merece destacarse el renacer de estas consideraciones[13] donde se demuestra que la materialidad de los límites es el componente de la arquitectura que realmente induce y da sustento a los observadores a tomar partido en los juicios sobre las obras

---

11. FFECCHAS es una sigla inventada en la cátedra y la Investigación Proyectual que permite recordar nuestro episteme y quiere decir Formas - Finalizadas - Espaciales - Construibles - Contextuadas - Habitables Arquitectónicamente - Significativas.
12. Hegel habla de ser esclavos de la teoría pero libres en la práctica.
13. SATO, Alberto, Conferencia en la Universidad Di Tella en Agosto de 2005.

de arquitectura, sean observadores "distraídos" en la consideración de Benjamin, o atentos como los disciplinares o críticos. Empieza a advertirse entonces, la concepción limitante de la abstracción espacial racionalista, y a ponderarse el real valor expresivo que portaba la materialidad.

Tres temas críticos

El trabajo sobre los límites nos convoca a tres temas críticos de la arquitectura:

1. La tectónica revalorizada en los últimos veinte años, primero por las obras de Herzog & de Meuron, y últimamente por las del paraguayo Solano Benítez, y el rosarino Rafael Iglesia. Cabe mencionar el trabajo teórico de Alberto Sato desde las teorías estéticas y filosóficas.

2. El carácter, ese gran olvidado que aún no es rescatado teóricamente, y que ha sido abandonado desde la modernidad por el silencio al que se condenaban las obras que ya no debían parecer lo que eran. El carácter dice de lo que trata la arquitectura, de su reconocimiento cual personaje de una obra de teatro o una película, a veces nos habla de su uso inmediato: una casa, un banco, un edificio de oficinas, y otras, a un nivel más trascendente, nos predica sobre los fines del hombre y la sociedad, la autonomía, la libertad, la justicia, la ética. En cualquier caso, la modernidad ignoró este compromiso de la arquitectura clásica con la sociedad de su tiempo y se abocó a inventar el no decir, el silencio, aunque en rigor era otro decir, otro predicar. También se dice "es una obra de carácter" por la originalidad del proyecto y no sólo por el parecido.

3. La comunicación, es el tercer aspecto en la envolvente de la arquitectura ligado a los dos anteriores y que hoy implica la sociedad de la imagen y el espectáculo. La comunicación, olvidando la cosa en sí, revaloriza la apariencia de las obras y con ello pone en valor un elemento nuevo y problemático de la arquitectura.

Estos son temas ya clásicos —aunque sean modernos—, pero el mundo contemporáneo ha instalado la idea de las envolventes de la arquitectura sólo en las fachadas prefabricadas que adquieren una complejidad inusitada ligada a las cuestiones tecnológicas de su constructibilidad y economía, y a la relación con la sustentabilidad ambiental. Si es posible admitir que en las arquitecturas de gran tamaño la idea de envolvente implica la noción de contenedor como grandes almacenes de alojamiento, y se pierden con ello las significaciones que los problemas del hombre y la cultura conllevan, es necesario repensar con este tema las estéticas dominantes en las políticas de la visualidad. Resaltar la consideración de los límites de la envolvente misma, rechazada enfáticamente en la primera modernidad, aporta justicia y equilibrio a la tríada (tectónica-carácter-comunicación) y a la arquitectura.

La habitabilidad

Ese irrepresentable cual es el comportamiento humano, pero no por ello menos importante y sutil, y fuertemente ligado al tema de la técnica y la construcción envolvente arquitectónica. Cuando intentamos configurar la forma de vida, estamos traduciendo desde un irrepresentable, a una representación concreta y legible y peor aún, determinada. Seguro que hay omisiones, olvidos y, en consecuencia, falsedades o mentiras. Cuando aspiramos a que la organización espacial de la arquitectura y con ella sus límites revelen la verdadera forma de vida de la gente, ¿no estamos aspirando a un imposible? Es decir, imposible en la medida en que pretendemos que dé cuenta de algo, más allá de lo humanamente posible.

¿Pero qué es lo que une la tectónica de los límites, como sensación captada por los sentidos, con la envolvente en su compleja materialidad y la cuestión de la habitabilidad? La respuesta no puede ser otra que el **carácter**, tema que, como insistimos antes, fue abandonado en la modernidad y hoy parece de difícil recuperación. La mejor alternativa es ligarlo a la cuestión del imaginario social y sus significaciones, pero no es materia de este artículo.

La habitabilidad sin carácter, el carácter sin imaginario y éste sin prosaica resulta casi imposible, por ello los edificios como el Grand Bourg y el renacer de los estilos —antiguos y modernos— entusiasma a emprendedores inmobiliarios. Es el camino más fácil, reitera lo conocido y aceptado por comprendido, lo difícil es crear una formalización a través del espacio y sus límites —no el uno sin el otro— que exprese nuestro tiempo y nos ayude a construirlo auténticamente.

Y esto porque la mirada de las fachadas, pisos, techos, interiores y exteriores, como materialidad, su lectura e interpretación, no puede sino remitir a otro de sí mismo, hablar por metáforas vivas o analogías, y como aspiramos que sea arquitectura, lo hará sobre los eternos temas y problemas del hombre.

7. Arquitectónica del arte, la técnica y la arquitectura

¿Cómo establecer las relaciones entre estos tres actores de la arquitectura basada en la idea de técnica, con una historia ligada al arte griego, luego del Romanticismo, obra de Arte Bella? Es José Ricardo Morales quien nos aporta sus desarrollos en el tema, veamos los esclarecedores conceptos extraídos de sus reflexiones:

"Ninguna teoría arquitectónica puede tenerse por auténtica si en ella quedan omisas las condiciones productivas en que la arquitectura surge como obra. Arquitectura supone arché y téchne. Decimos con indistinción 'este arte o técnica', ateniéndonos al sentido originario de ambos términos, ya que si en la actualidad suponen campos plenamente diferenciados, en el pensamiento griego mantuvieron la condición indivisa que aún conservan en la arquitectura." [14]

Sobre este punto hemos hablado antes en acuerdo con los autores citados, y continúa Morales:

"Según la manera de pensar que establece definitivamente el concepto de técnica 'el arte o técnica es... una disposición productiva acompañada de razón verdadera' (Aristóteles, Ética a Nicómaco, VI, 1140 a).

Semejante 'disposición productiva' queda de manifiesto en obras, con las que a menudo se identifica, tanto que poiesis (en el sentido de 'obra hecha') y téchne ('la virtud efectuante') aparecen usadas indistintamente por los pensadores antiguos, tal como podemos referirnos al 'arte' musical o pictórico por sus obras acabadas, conclusas.

Ahora bien, la techné supone 'arte' desde muy otro punto de vista: entendiéndola, además, como 'el arte que nos damos' para originar o configurar aquello que sea; representa, pues, 'el arte de...' cazar, navegar, construir. Dice el Gorgias platónico (465, a 6):

'No conozco techné alguna que carezca de fundamento'. Esta remisión constante a la razón del hacer —hoy olvidada—, sin la cual no concebían la técnica los antiguos, nos explica por qué la techné, o manera fundada de producir **cosas reales**, estuviera por entonces asociada a epistéme, o conocimiento de lo real, con la que solía confundirse (Platón, Filebo, 55 d).'

Que el arte represente actividad lo testimonia el término 'inerte' (literalmente: 'sin arte'), que la niega. Por otra parte, cabe afirmar que las técnicas y las artes, en cuanto creadoras de realidad o mundo, son, primordialmente, intensificadoras.

Pero la intensificación técnica es de índole distinta de la artística. Aquélla se traduce en rendimiento, protección, aceleración o masificación mediante acciones que, principalmente, denotan una intervención sobre el contorno. La técnica actúa sobre el contorno para producir lo que aún no hay, considerado necesario, mientras que la productividad artística es, primordialmente, poiética y, por lo tanto,

---

14.MORALES, José Ricardo. "Arquitectónica", Biblioteca Nueva, Madrid 1999, p. 135-167.

cualitativa y única. De acuerdo con esto, la técnica nos sitúa 'en' el mundo, como mundo hecho, es decir, intensificado mediante nuestro poder de intervención. A diferencia de ello, cabe afirmar que el arte nos sitúa 'ante' el mundo, como mundo expuesto que requiere de la contemplación. En el arte, el mundo se presenta como imago mundi; de ahí que primordialmente, respecto de la obra artística seamos, por lo común, 'espectadores', con toda la latitud que el término supone."

Resulta significativo el olvido del habitar en el que incurre este autor, que proviene del campo filosófico, pues denuncia justamente desde la teoría de la arquitectura, las parcializaciones en que han incurrido las teorías básicas de la arquitectura: la clásica, la moderna y la funcionalista.

"Sin embargo, para entender en plenitud la arquitectura, no debemos considerarla sólo en su condición artística, ni desde luego, según sean sus propiedades exclusivamente técnicas, o, menos, en la indistinción arcaica de 'arte o técnica', pensados como sinónimos, que entraña la acepción primera de téchne. La arquitectura ha de ser apreciada a partir de la posibilidad, que proponemos, de discernir el arte de la técnica. Si la contemplamos en su condición poiética o cualitativa, la estimaremos como arte, pero si la vivimos y la disfrutamos en su usualidad, con el olvido de ella que da el hábito, la aceptaremos como la técnica que es. Sin embargo, la índole anticipadora de la técnica no puede explicarse plenamente si omitimos el carácter objetante que le pertenece, dado que la técnica puede considerarse como la objeción mayor del hombre a las dificultades que encuentra para estar en el mundo. Por ello, el proyecto —'lo arrojado hacia adelante'— y el objeto —ob-yecto: 'lo arrojado contra'—, le son inherentes, ya que en ambos aparecen vinculadas la previsión y la objeción. No hay técnica sin proyecto —implícito o explícito—, ni proyecto sin 'objeto', entendido éste en su doble acepción de 'finalidad pensada de antemano' —el objetivo, la meta o fin a que dedicamos nuestros propósitos— y de 'cosa proyectada y fabricada'. Así que el objeto no es, en modo alguno, 'cualquier cosa'..."

Aquí se aborda la cuestión de la materialidad de la arquitectura, como el componente inmediato de la trilogía tecnica, tecnología, tectónica a la que nos hemos referido antes.

"El hacha se empleó como instrumento carpintero y la 'madera' adquirió el sentido general de 'materia', a la que seguramente se asoció por la considerable amplitud de su existencia. Pero anteriormente, y por razones muy distintas, 'materia-madera' constituyeron un doblete conceptual, en el que ambos términos quedaron referidos a mater, puesto que si la mater lo es por ser fecunda, la 'materia' sirvió para designar la substancia fecunda de que la mater está hecha.

Pero si el significado de 'hyle' y de 'silva' pasó de 'selva' a 'materia' y de ésta a 'madera', el paso siguiente correspondió al de 'material de construcción', es decir, de 'madera cortada'. La materia de la madera se convirtió en 'material' propio para la arquitectura, en cuanto fue sometida a la decisiva acción técnica del hacha tajante y al proyecto pensante que la remitía a determinada solución arquitectónica. Así se puede advertir cómo la técnica des-naturalizadora transformó a la materia en material, al destinarl a, tácticamente, a una finalidad humana, uniéndose una de las técnicas iniciales del hombre —la de cortar con el hacha— a la técnica mayor o arquitectura.

Contra la temible situación de expuesto, el hombre se cubre y se recubre, se viste y se reviste, mediante las técnicas del tejido y de la arquitectura, y con el tejido y el tejado se protege."

Conclusiones

Según lo expuesto hasta aquí, hay cambios radicales desde la clásica cultura griega, pero también, algunas constantes o invariantes. Son nociones básicas referidas a la técnica y su relación con la arquitectura. La técnica, tejné en los griegos, adquiere en Heidegger —veinticinco siglos después— el carácter de objeto maldito y en Trías se asume a la técnica como brazo armado y producto de la misma metafísica —o teoría—.

Además la técnica era para los griegos arte a nivel de habilidades y destrezas, y después del siglo XV deriva en tecno-ciencia y el arte (identificada con el saber hacer técnico) en Arte, con sus relatos que lo comprometen en tareas y destinos que no puede cumplir y para muchos muere producto de este exceso de exigencias.

La arquitectura sufre las consecuencias de esta división y un aspecto o componente prioriza su ser arte y responde a sus exigencias y asume sus responsabilidades, y otra se alía con los ingenieros, la invención y prioriza su ser técnica y luego tecnología.

Pero la arquitectura no se encuentra tensada sólo entre estos dos componentes: el mundo simbólico mensurable de la tecno ciencia y el del arte con sus códigos y convenciones propios del mundo de los lenguajes formales. Existe un tercer componente fundamental, y es la vida real de los humanos que transita en el interior y exterior de la arquitectura urbana.

¿Qué relación se establece entre estos dos componentes citados: arte y técnica —con ricas y complejas articulaciones entre ellos— y la vida real de los hombres cuyos actos de habitar ocurren, suceden, en el interior y exterior de la arquitectura?

¿Qué incidencia o efectos tiene en la sociedad, que nuestra bifronte disciplina se incline por uno u otro de sus polos tensionantes? ¿Y este efecto sobre la disciplina, afectaría a sus habitantes?

¿Qué le convendría más a nuestra situación de la arquitectura en Latinoamérica? ¿Sería lo mismo para los sectores de alta o baja densidad urbana?

Se agolpan las preguntas —algunas más importantes que otras— pero ensayemos algunas respuestas.

1. El camino de la abstracción. El cambio generado a favor de la abstracción proyectual, como valor —señalada y vaticinada por Hegel en el siglo XVIII para el arte en general— se afirma a partir del siglo XV en detrimento de las concreciones materiales, que llevó a la sobre-valoración del espacio como materia fundante de la arquitectura. De allí al privilegio de las cuestiones lingüísticas formales hay un sólo paso, y más aún en las grandes metrópolis actuales la admiración por sus innovaciones al servicio de la arquitectura del espectáculo, es hoy moneda corriente. Este proceso de división de los componentes afectó dos indicadores básicos de la arquitectura: la técnica y la forma.

2. La división de la técnica. Primero, se concentró en la técnica del "saber hacer" sin enjuiciar o desligado del destino de su poiesis, se aisló, se independizó de su materia, aquella que debía modelar con las reglas de la tejné. Hubo un saber hacer obras de arte irreales o inútiles para los artistas y arquitectos y otro saber hacer con **technai** —tecnociencia— de la que se ocuparían los ingenieros, los politécnicos, sin veleidades, ni vuelos teóricos, o sensibilidad para leer en el material otro mensaje que no fuera el de sus cualidades físico químicas.

3. La división de la forma. Equivalente a la técnica, la forma vivió una tensión entre dos polos: aquella que se volcó a la búsqueda de la imagen totalmente divorciada de la materialidad (Graciela Silvestri llega a citar, en su artículo en este mismo número, a Le Corbusier) que necesariamente vendrá a socorrer según le ordenemos —Eisenman llega al extremo de pedir a la industria que le fabriquen los materiales según sus propios requisitos de condiciones técnicas— pero totalmente subordinado a los caprichos del autor de la imagen. La otra aspira a la idea de construcción de la forma a partir de la materialidad y atenta a las prohibiciones y posibilidades creativas que el mundo de las sensaciones le ofrece.

Estas repuestas recuerdan el proceso de división celular de la **mitosis** —aunque suelo ser crítico de los que confunden biología con cultura— que por definición en proceso de dicha división celular participa del desarrollo, crecimiento y regeneración del organismo y lo más importante conserva la información genética contenida en sus cromosomas.

4. Materia — técnica — forma. La importancia de la materia en la vida del hombre es aún debatida en el campo de la filosofía contemporánea.[15] Si bien todo es materia —orgánica o inorgánica— los hombres hemos convivido con ella —a favor o en contra— desde su origen. Pero en su origen nadie imaginaba modelar materiales, sin el conocimiento de su técnica como saber hacer, de allí se llega al extremo actual de modelar formas cuyos materiales se los pediríamos a la industria que nos los invente.

Esto tiene un efecto brutal, por el desprecio a la naturaleza que esto implica y en consecuencia al hombre —ser natural y cultural— que si bien conocemos y hasta podemos medir los daños evidentes en la naturaleza externa, somos ignorantes e incapaces de medir, aunque si de intuir, los daños a su naturaleza interna.

Bruno Latour hablará de actores humanos y actores no humanos (para el mundo de los objetos creados por los primeros) que conviven sin la más mínima posibilidad de aislarse, sin provocar efectos mortales para todos, humanos y no humanos.

5. Técnica, materia, forma, espacio, imagen, forma de vida, habitar.

Cómo conjugar y, por qué no, armonizar, acordar, a estos hijos de la madre arquitectura, de la cual conservan información genética imposible de borrar.

Cada una de ellas fue creciendo y en el intercambio con el contexto se fueron moldeando y adquiriendo características especiales.

Si volvemos a la diferencia específica mencionada, sin duda el habitar, la habitabilidad, derivadas de los estilos y formas de vida, encuentra su verdadera expresión en la arquitectura. Alguien podría alegar —y con razón— que la inversa no es totalmente cierta, es verdad, no totalmente, la arquitectura como tal debe construirse con todos los indicadores mencionados.

La diferencia específica que desde el Centro POIESIS sostenemos enfáticamente, es que las formas de vida y el habitar de las personas, son componentes de la arquitectura con la misma presencia, importancia y validez que la técnica y que la forma espacial. Y decimos mas aún, la forma y la técnica, afectan y son afectadas en su percepción y comprensión por las formas de vida y de habitar. No son tantos los que estudian y desarrollan estos temas —aunque ahora, muchos más que antes—,[16] pero pocos los que advierten a este componente como posibilitante de la creatividad en arquitectura y así lo practican.

---

15. REGO, Francisco. "La materia prima: una confrontación crítica". Gladius, Buenos Aires, 2005. Se discute aquí la reformulación del concepto aristotélico de materia prima propuesta por el filósofo español P. G. Ozcoidi García.

16. En Internet hace unos años solo éramos menos de 50 los preocupados por la Investigación Proyectual, hoy hay más de 50.000 interesados.

Proyectar es construir

Helio Piñón
DOCTOR ARQUITECTO; FUNDADOR DEL LABORATORIO DE ARQUITECTURA DE LA ESCUELA
TÉCNICA SUPERIOR DE ARQUITECTURA DE BARCELONA.

Observación elemental sobre el construir

En los últimos años, se ha generalizado el uso del término **construir**, lo que, en cierto modo, puede considerarse un fenómeno típico de recuperación de algunos ídolos de la conciencia moderna. Es como si, de repente, desde distintos ámbitos de la actividad, se hubiera reparado en el auténtico sentido de un proceso formativo hasta hace poco prácticamente reservado a la arquitectura y la ingeniería. En efecto, se comprueba en los medios como, desde las prácticas más dispares, se alude a la construcción de cualquier cosa: desde una prenda de abrigo hasta una vinagreta. Es curioso comprobar como los cocineros —por hablar de un oficio— han acabado por asumir la condición estructural de sus manjares, precisamente cuando la arquitectura de éxito ha renunciado a ella desde hace décadas.

El sentido banal del termino **construir** es el que lo identifica con **hacer** cualquier cosa, sin detenerse en **cómo**, precisando sólo: "con los materiales necesarios". Hay, no obstante, otra acepción del término construir, procedente de la gramática, según la cual —generalizando el sentido a un ámbito más general— construir es **ordenar** y **enlazar** elementos con el propósito de obtener entidades de mayor complejidad y rango que aquéllos. Ordenar —es decir, ponderar, proporcionar, clasificar, disponer— y enlazar —es decir, vincular, relacionar, articular, conectar, acoplar, juntar, unir—, con el fin de obtener un ente que se caracterice por la "buena disposición de sus partes"; dotado, por tanto, de consistencia formal.

No hay duda de que la actividad constructora esencial del ser humano es el uso de la lengua: en efecto, para hablar, se parte de unidades significativas elementales —las palabras—, con las que se construyen unidades de forma básicas —las frases—, que estructuradas en párrafos dan lugar a un discurso. El propósito comunicativo primario de la lengua tiene como marco normativo las reglas de la gramática; unas reglas precisas que prescriben normas unívocas, orientadas a garantizar la funcionalidad del sistema: la eficacia comunicativa es, en efecto —en el caso de la lengua—, el criterio relevante.

La condición constructiva del uso de la lengua puede pasar desapercibida porque se aprende a hablar de manera inconsciente, en la niñez, y se cultiva de manera progresiva a lo largo de toda la vida. El aprendizaje de una lengua es, en realidad, la adquisición de una **competencia para construir discursos** de complejidad desigual, pero regulados por unos mismos criterios sintácticos.

Cuando se intenta hacer un uso literario de la lengua, lo que implica aspirar a la **consistencia formal de la narración** —es decir, a un uso cuya lógica no está determinada por criterios simplemente funcionales, sino estéticos—, las reglas de la gramática intervienen, en cambio, como **materiales de escritura** que se someten a una disciplina formal —es decir, constructiva— que trasciende la mera corrección sintáctica: el mismo propósito constructivo del discurso establece sistemas de relaciones que trascienden —sin contradecirlos, en ningún caso— los propios criterios de corrección gramatical. El propósito literario puede tensar las reglas de la gramática, en aspectos secundarios, pero habitualmente se apoya en ellas, como datos —materia prima, si se quiere— de una actividad que se orienta a objetivos que trascienden la mera legalidad sintáctica. De ese modo, se puede decir que hablar correctamente no es óbice para narrar bien: por el contrario, como es obvio a lo largo de la historia, se han considerado cualidades vecinas y complementarias.

El uso literario de la lengua se sitúa, pues, más allá de la construcción inconsciente que supone el mero hecho de escribir: desplaza la atención hacia la construcción narrativa; en otras palabras, el hecho de considerar el habla una facultad "natural" contribuye a poner el acento en la forma del relato. Hay prácticas, no obstante, en las que no suele darse tal reducción de lo constructivo al ámbito de lo artístico: son aquellas en las que la construcción del material primario de la actividad formativa —por así decirlo— no puede obviarse, ya que constituye un sistema técnico objetivo dotado de normas que hay que aprender: una de esas prácticas es la arquitectura.

La relevancia que adquiere la construcción material en la arquitectura es probablemente la causa de que, en ocasiones, el acoplamiento físico —material y objetivo— proyecte sombra sobre la relación visual entre los elementos constitutivos de la obra, es decir, sobre su construcción formal, objetivo esencial del proyecto. Esta sensación —que se puede achacar a una alteración cognoscitiva, análoga a la ilusión óptica en la percepción visual— favorece la conciencia de que la construcción, en arquitectura, quede reducida a la técnica que garantiza la consistencia material y augura la permanencia de los edificios. Una reducción inadmisible por cuanto ignora que la arquitectura se da, precisamente, en el encuentro de dos lógicas constructivas: la material y la formal.

Notas sobre arquitectura y construcción

Entre las ideas de arquitectura que proponen los manuales y tratados, la que —a mi juicio— se aproxima más a su naturaleza auténtica es la que la define como "la (re)presentación de la construcción", es decir, como el control de la apariencia de un artefacto cuyo fundamento técnico y organizativo es insuficiente para determinar su configuración. En efecto, por una parte, el procedimiento constructivo con que se aborda el edificio no determina, por si solo, la imagen del objeto, y, por otra, los criterios de la construcción técnica tienen que comprender —o mejor, incorporar— los requisitos de la construcción espacial, es decir, de la organización interna del objeto, una organización —fruto de una actividad asimismo constructiva— que, en la mayoría de los casos, tampoco tiene una traducción visual inmediata.

Cuando hablo de re **(re)presentar la construcción** no quiero decir expresarla, exaltarla o reforzarla, para cumplir así con el cometido artístico del proyecto: me refiero a **decidir su apariencia**, teniendo en cuenta tanto la lógica constructiva material como la lógica constructiva de la forma, es decir, tanto las normas de la técnica utilizada para darle entidad material, como los criterios que rigen su organización interna.

La propia idea de **(re)presentar** la construcción de un objeto arquitectónico comporta, lógicamente, la mediación subjetiva de quien proyecta, lo que no debe confundirse con un furor expresivo determinado por imperativos personales. En realidad, se trata de una mediación en la que el sujeto actúa como miembro de una especie, constituida —asimismo— por otros sujetos, de quien cabe esperar que reconozcan los atributos del proyecto. Estoy hablando de una práctica formativa de naturaleza esencialmente visual: el conocimiento del objeto artístico es un (re)conocimiento de su identidad formal, es decir, de los valores que definen su calidad estética.

La arquitectura aparece, en efecto, cuando la propuesta tiene un grado de sistematicidad capaz de trascender el aspecto peculiar del caso concreto, sin renunciar, en cambio, a la característica propia que lo singulariza. Un ejemplo sobre pintura acaso me permita explicarme mejor: llamamos simplemente **pintor** a quien es capaz de reproducir "ese árbol", dotándolo de los pormenores que lo identifican, es decir, que permiten reconocerlo. En cambio, llamamos **artista** a quien, además de reproducir "ese árbol", en su pintura alude al "árbol, en general", es decir, dota al cuadro de una dimensión universal relacionada con la forma genérica de lo que conocemos como "árbol".

El proyecto de arquitectura no tiene por objeto representar un motivo de la realidad, sino (re)presentar —como se ha visto— la construcción concreta del edificio, es decir, el acoplamiento ordenado de espacios con que se da respuesta a un programa: un programa que, por cierto, no puede reducirse al mero inventario de requisitos funcionales. En efecto, el programa —que actúa, en realidad, como condición real del proyecto— se compone, sin duda, del conjunto de las necesidades de uso, pero además incluye: la configuración del solar, las normas urbanísticas del lugar, el presupuesto económico de la obra y —por último, pero con una incidencia determinante— el sistema constructivo. De este modo, **la construcción espacial de un edificio debe incorporar, como condición de posibilidad, la construcción material del mismo.**

Es evidente, por tanto, que las dos dimensiones constructivas de la arquitectura no pueden ser ajenas, ni —menos aún— independientes: sus lógicas respectivas están en interacción constante, de modo que cualquier decisión en una de ellas repercute necesariamente en la otra. A lo largo de la historia, la organización espacial ha estado íntimamente vinculada al sistema constructivo con que adquiere materialidad: el **tipo arquitectónico**, elemento básico del proyecto clasicista, es precisamente la entidad que aúna en un solo esquema la doble vertiente de la lógica del construir: la material y la organizativa.

Desde la arquitectura de la Grecia clásica hasta la del neoclasicismo ecléctico, propio del romanticismo tardío, el proyecto ha contado con un sistema constructivo que ha disciplinado tanto la organización como la apariencia del edificio. Es evidente que, en la mayoría de los casos, tal sistema tuvo un carácter virtual, es decir, fue más un horizonte sistemático que la manifestación fiel de una realidad constructiva. Un horizonte basado en la convención "gramatical" de los órdenes clásicos, que garantizó la dimensión universal del tipo. En este punto, quiero insistir en que es precisamente dicha universalidad lo que permite incorporar en el edificio las condiciones peculiares del lugar y el tiempo, sin renunciar a la condición sistemática esencial que caracteriza las obras de arte.

Si se recorren los distintos estilos que conforman la historia de la arquitectura, se constata que los sistemas de representación constructiva tienen habitualmente la virtualidad a que me he referido antes: su verdad se apoya en la **coherencia** que proporcionan a la obra que los soporta, no en la **sinceridad** con que se refieren a una técnica constructiva concreta. Hace casi siglo y medio que Konrad Fiedler se refirió a esa circunstancia, cuando declaró que "el problema del arte es de verdad, no de sinceridad", es decir, que la verdad a la que se orienta el arte es una verdad entendida como una buena relación entre los elementos constitutivos de la obra, no una verdad como adecuación de los mismos a una realidad ajena o exterior a ellos. La lúcida declaración de Fiedler, en plena época romántica, contribuye así a aclarar la solvencia formal e histórica del clasicismo y, a la vez, a poner los cimientos del modo de construir la forma que caracteriza la arquitectura moderna.

La construcción de la arquitectura moderna

Así las cosas, el proyecto estético de la modernidad arquitectónica representa un cambio radical, tanto en el modo de concebir como en la noción de forma a la que se orienta el proyecto. Se pasa de un modo de proyectar, basado en la autoridad del tipo y en la sistematicidad de los órdenes clásicos, a una práctica subjetiva, encaminada a construir material y formalmente la arquitectura, sin otro instrumento de control que el sentido de la forma del autor, su modo de asumir unos criterios que, a diferencia de los clasicistas, no pueden definirse axiomáticamente. De todos modos, la importancia que adquiere el ejercicio de la subjetividad en el proyecto moderno no supone ningún relajamiento de la consistencia formal y la solvencia constructiva del edificio. No hay duda de que la asunción de la modernidad supone una dificultad que se pudo vencer gracias, sobre todo, a la revolución que había experimentado la idea de forma en la pintura.

El proyecto clasicista se apoya —como se ha visto— en **tipos arquitectónicos**, es decir, en estructuras organizativas avaladas por la tradición, y cuenta con el uso de los **órdenes clásicos** como disciplina capaz de ajustar la adecuación de estos tipos al caso particular que se afronta. En cambio, el proyecto moderno parte de **relaciones arquetípicas** —elegidas libremente por quien proyecta—, correspondientes a una **idea de forma no jerárquica**, que sustituye el criterio de unidad por el de dualidad; que reemplaza la igualdad por la equivalencia, y la simetría por el equilibrio.

El sistema adintelado —cuya representación constructiva ha presidido un sector significativo de la arquitectura durante la mayor parte de la historia— se generaliza, por fin, en el siglo XX, mediante la difusión de la estructura de acero y hormigón, de modo que la virtualidad del sistema constructivo clasicista se convierte en una realidad efectiva. La falsa plementería virtual que en el clasicismo llena el espacio que media entre la pilastra y el hueco, desaparece, en la modernidad, en tanto que el hueco deja de ser un orificio practicado en el muro, para convertirse en una simple ausencia e cerramiento: no hay motivo para seguir, en adelante, con el uso retórico de la ventana, residuo de un sistema constructivo superado prácticamente a mediados del siglo XIX.

La arquitectura moderna logra, en tres décadas, establecer un sistema constructivo —material y formal— capaz de constituir una alternativa real al producto de la elaboración y el perfeccionamiento a lo largo de cuatro siglos de clasicismo. A finales de los años cincuenta, se cuenta ya con un modo de concebir y una forma de proyectar relativamente generalizados, que se basan en criterios constructivos y formales modernos. Sin constituir, en absoluto, un estilo normativo —en el sentido de los estilos clásicos—, se generaliza una arquitectura que fue asumida desde ámbitos culturales y geográficos distintos y diferentes, debido a la universalidad de los criterios en los que se basaba; una arquitectura que colma la noción de Estilo Internacional, definida veinticinco años antes por Henry R. Hitchcock y Philip Johnson.

La arquitectura del siglo XX alcanzó, en efecto, una sistematicidad genérica que la crítica más distraída interpretó como mera repetición mecánica de un cliché; una sistematicidad que, en la medida que contempla estructuras universales, facilita la respuesta específica a situaciones peculiares, mediante edificios dotados de una identidad formal clara y precisa. Las características especiales de un modo de concebir que aproxima la construcción material y formal de los edificios —como había ocurrido a lo largo del clasicismo— permitieron su difusión rápida, lo que contribuyó a generalizar un nivel de calidad inusual hasta entonces. No obstante, una crítica miope, empeñada en la instauración de una modernidad costumbrista —que sólo existía en la mente de media docena de críticos y algunos arquitectos—, logró jubilar la modernidad auténtica, precisamente cuando estaba dando sus mejores frutos.

Si bien durante los primeros años los arquitectos continuaron proyectando de acuerdo con los criterios modernos, la relevancia social que habían adquirido las revistas determinó el abandono progresivo de un modo de proyectar solvente y contrastado, a cambio de un puñado de buenas intenciones, por lo común ajenas a la arquitectura y, generalmente, de carácter moral.

La confusión frecuente del juicio estético con el juicio moral —y la reducción de este último a convertir en valor el simple hábito creado por la costumbre— ha provocado a menudo el deslizamiento de los problemas de la forma hacia cuestiones de "sinceridad constructiva", dando por sentado que la mera fidelidad a un procedimiento es un valor artístico en sí mismo. La doctrina que da soporte al **brutalismo** se basa precisamente en el prejuicio de la sinceridad, como vía por la que recuperar —siempre a juicio de Reiner Banham— el auténtico sentido técnico de la arquitectura moderna.

Con independencia de la falsedad esencial de tal simplificación, el empeño expresivo con que habitualmente se aborda la técnica desde este tipo de actitudes ha acabado pervirtiendo su propio cometido constructivo, y ha dado lugar a la serie de "estilos tecnológicos" que periódicamente aparecen en la escena como una constante llamada de atención al resto de "estilillos" que pugnan por hacerse un lugar en la prensa.

El abandono de los criterios de la modernidad desde posiciones "realistas" o "historicistas" provocó, paradójicamente, un efecto similar al que había producido el **brutalismo**, a pesar de que éste parecería situarse en sus antípodas estéticas: si el recurso a la técnica como medio expresivo pervierte su cometido en el proyecto de arquitectura, la defensa de actitudes evocativas, basadas más en la gestión sentimental de la imagen que en la construcción de la forma, supone asimismo una renuncia explícita a la condición constructiva del proyecto, en su doble acepción: material y formal.

Durante la segunda mitad de los años sesenta y toda la década de los setenta, las revistas y los eventos dedicados a la arquitectura se caracterizaron por la hegemonía de tres doctrinas —lideradas por Robert Venturi, Aldo Rossi y Peter Eisenman, respectivamente— que trataban de poner orden a la situación de desconcierto provocada por el expeditivo y precipitado abandono de la modernidad. Con un talante claramente vanguardista —en tanto que partían de sistemas normativos dotados de notable consistencia interna y que mostraban, además, un evidente propósito inaugurador—, se instituyeron tres ámbitos doctrinales cuyos desarrollos iniciales respectivos se mantuvieron ajenos entre si pero que, en realidad, resultaron complementarios, cuando menos en la medida en que se constituían sobre tres ídolos de la conciencia moderna: la **función, la razón y la forma**.

La prioridad del discurso sobre el proyecto determinó que la arquitectura con que se presentaban las respectivas posiciones acabase siendo la mera ejemplificación de una teoría cuya mayor virtud es su eventual consistencia lógica. A principios de los años ochenta, publiqué un libro titulado **Arquitectura de las neovanguardias** (1983), en el que traté de dar cuenta del fenómeno, así como de relatar de qué modo el fundamento teorético de las posturas determinó el escepticismo con que se acabaron las tres "aventuras", como hechos autónomos: la situación creada dio lugar al revoltijo figurativo —basado en un sincretismo teórico oportunista y banal— que se vino a denominar **posmodernismo**.

De todas maneras, más allá de la "reducción a la imagen" que dio lugar al posmodernismo canónico, la aparición del **concepto** como agente conformador —introducido por los realismos, pero confirmado por las neovanguardias—

acabó de certificar la renuncia a la construcción, a favor de la "metáfora". La hegemonía del concepto en la arquitectura más celebrada provocó un cambio del perfil del arquitecto: en adelante, la figura del **constructor de proyectos** cedió el paso a la del mero **gestor de imágenes**, aunque sin olvidar la autoridad suprema de los criterios conceptuales.

Este fenómeno tuvo —y sigue teniendo— una incidencia decisiva en la profesión y —como no podía ser de otro modo— en la enseñanza: tanto en la mentalidad y las características del profesorado —cuyo criterio de selección pasó en pocos años, de la solvencia profesional a la capacidad fabuladora— como en el perfil de los estudiantes, ya no determinado por el "sentido de la forma" —cualidad que, a juicio de Le Corbusier, caracteriza al verdadero arquitecto—, sino teñido por una idea vaporosa y quimérica de la concepción.

No cabe duda de que la banalización progresiva del entorno físico ha mermado la sensibilidad —por la forma y por todo— de la mayor parte de los ciudadanos; de todos modos, estoy convencido de que aquellos que han conseguido cultivar su capacidad de intelección visual no suelen abundar entre los alumnos de las escuelas de arquitectura: el cine, la fotografía o la publicidad son algunas de las actividades que probablemente acogen la mayor parte de esos colectivos minoritarios.

En adelante, la arquitectura no se ha entendido ya más como "la (re)presentación de la construcción", sino que se ha planteado como la "materialización de un concepto", propósito en el que la construcción interviene como mero recurso para solucionar un problema, ya no como el marco sistemático constructivamente eficaz cuya concreción material constituye el objetivo de la arquitectura.

Constructores de ideas

La arquitectura de las tres últimas décadas se ha basado en la creencia de que el Estilo Internacional —modo claramente peyorativo de referirse a la arquitectura auténticamente moderna— pervertía el fundamento de la arquitectura moderna, en su intento de sistematizar una arquitectura que —a juicio de una crítica miope e inconstante— había prometido reproducirse en forma de "innovación perpetua". La generalización de ese sentimiento provocó un giro en la consideración de la arquitectura y el proyecto, que abrió el camino de la posmodernidad real: en efecto, la creencia de que la arquitectura moderna había renunciado a sus principios determinó la acusación de estilismo a lo que —como se ha visto— fue un modo de concebir contrastado, alternativa real de la tipología clasicista.

La "idea" —el "concepto", según otros— fue considerada, en adelante, el parámetro de referencia y, a la vez, de verificación de las decisiones de proyecto. Una idea que, en la medida que procede de una intención —simple deseo, en muchos casos—, se aparta de la noción de **idea** de la Grecia clásica, prácticamente análoga a la **forma**. No es ahora el momento para abordar esta cuestión en profundidad, pero no quisiera dar pie a que se malentendieran mis ideas: no pretendo negar que el proyecto necesita un planteamiento, es decir, una toma de posición ante las circunstancias en que se da, que generen unos objetivos básicos. La idea que critico no tan sólo no puede identificarse con el necesario planteamiento, sino que, a menudo, surge precisamente como efecto compensatorio —más o menos inconsciente— de la ausencia de éste.

Mis objeciones se dirigen a "la idea" tal como se ha utilizado durante las últimas décadas, es decir, entendida como mera descripción verbal de un propósito, a la que no se le exige más que su formulación verbal —incluso deficiente, en ocasiones—, para acreditarle una solvencia capaz de legitimar la arquitectura y legalizar el proyecto: el planteamiento no cierra puertas al desarrollo del proyecto; "la idea" operativa, sí. Pero, acaso el efecto más pernicioso de "la idea" —con relación al tema de esta reflexión— es que, en la medida que asume la autoridad ordenadora del proyecto, sitúa el criterio de valor en la adecuación del objeto a sus propósitos, es decir, en el exterior del artefacto —al margen de su coherencia interna—, con lo que se reinstaura la mimesis, ahora ya no respecto al sistema —como ocurría en el clasicismo— sino respecto a las meras intenciones de quien proyecta. Tal noción de calidad —"como adecuación a la idea"— introduce una clara involución respecto al proyecto moderno, en cuanto obvia la construcción —material y formal— como criterio esencial de la consistencia de las relaciones que definen la identidad del objeto.

La extrapolación mecánica de la expresión "arte como expresión de una idea" —que, referida a la pintura, vendría a significar: "proclamación solemne de un valor o convicción"— determinó que también la arquitectura fuera entendida como "expresión de una idea", confiando en que la adecuación del edificio a lo que establece "la idea" permitiría obviar la consistencia formal que —como se sabe— ha avalado la calidad de la arquitectura durante toda la historia.

Este fenómeno, cuya incidencia negativa en el ámbito del proyecto no se ha valorado como merece, propició el abandono de la dimensión constructiva de la arquitectura —en su doble acepción: material y formal—, para asumir **un cometido iconográfico, disciplinado por el solo propósito de "expresar —o, simplemente, comunicar— la idea".** Un cometido que —como se ha visto— pervierte el propio fundamento de la arquitectura, en tanto que renuncia al **propósito constructivo esencial del proyecto** y se orienta a la **traducción figurativa de un concepto arbitrario,** proclamado libremente por quien proyecta, sin otra disciplina que las fluctuaciones de su estado de ánimo.

No es de extrañar que el imperio de la "imagen sin forma" —es decir, el universo de una realidad basada en una **apariencia determinada por un concepto**— haya provocado una notable **pérdida de tectonicidad** en la arquitectura contemporánea. Una tectonicidad que no debe confundirse con la expresión de lo tectónico —de lo constructivo—, sino que hay que entender como la propia condición de lo construido, al margen de la técnica utilizada para ello. Muchos de los edificios que en la actualidad se consideran referencias absolutas no sólo no parecen construidos en términos materiales —ya que la técnica ha intervenido únicamente para hacer posible la "fantasía" que los anima—, sino que tampoco parecen haber sido estructurados de conforme a un orden reconocible por su precisión y sutileza: tal es la banalidad e inmediatez con que acoplan los episodios que los componen.

No quiero dejar pasar la ocasión para dedicar cuatro líneas a la **deconstrucción**, doctrina efímera —pero de notoriedad indudable— que ilustra de manera ejemplar el fenómeno que acabo de describir. Tras el impacto del término —galicismo pedante e insensato— se oculta un propósito pintoresquista que se asienta en una intolerancia por los vínculos sutiles y en una pasión simultánea por las colisiones obvias entre residuos de arquitectura convencional. Un entusiasmo infantiloide por el desmontaje, junto a una irrefrenable afectación en el (re)montaje, suscitaron entre los adeptos a la cofradía la ilusión de que estaban ante una idea distinta de orden.

Analizado sin pasión, se trata, en realidad, de un intento de convertir en valor la propia dificultad para ordenar y vincular la materia, amparándose en el pretexto trivial de que en la naturaleza también se dan situaciones aberrantes. Sin otro criterio de orden que una subversión candorosa de la mera regularidad, el **deconstructor** actúa al dictado de un servilismo funcional que acaba tranquilizando tanto su conciencia quebradiza como el ánimo del destinatario de sus productos. El despilfarro económico y la chapuza constructiva son las condiciones de una doctrina que, durante los años noventa, añadió sal gruesa —sin un ápice de humor que la redimiera— al declive continuado por el que transita, desde hace décadas, la arquitectura de más éxito.

En el extremo opuesto —aunque coincidiendo en el tiempo y en el espacio—, el **minimalismo** se basa en un atributo fácil de advertir, aunque irrelevante desde el punto de vista del arte: lo mínimo. El lanzamiento de esta doctrina es una reverberación atípica de un movimiento artístico que ocupó a unos cuantos pintores norteamericanos hace unos cuarenta años. Un movimiento que resulta difícil evaluar, si se prescinde del contexto artístico de ese momento, y que tiene poco que ver con su versión arquitectónica actual, basada en el prejuicio costumbrista de que "lo mínimo es bello". Sin otro fundamento que la noción más coyuntural de **gusto**, el minimalismo se ha valido de cierta arquitectura moderna de calidad para legitimar unas obras actuales de interés y calidad desiguales, cuyo único vínculo es un simple aire de familia, más relacionado con la escasez y la desnutrición que con la intensidad que el criterio de economía bien entendido provoca a la práctica del arte.

Con todo, hay que reconocerle el mérito de aproximar algunos arquitectos de trayectoria claramente posmoderna a ciertos tópicos de la modernidad: en realidad, el minimalismo ha sido la vía por la que sectores amplios de la profesión —caracterizados por su disponibilidad estilística, acostumbrados a tener que cambiar de tercio cada lustro, o poco más— se han vuelto a interesar por la arquitectura moderna.

El oportunismo crítico y la indolencia teórica que propiciaron el éxito de la doctrina han acabado teniendo —una vez más— un efecto imprevisto: es impensable la difusión que ha tenido en la última década el "estilillo internacional" —es decir, la universalización de cierta arquitectura producida por aglomeración de tópicos "modernos"—, si no se tiene en cuenta el efecto de reclamo estético que ha tenido el minimalismo.

En definitiva, cuando la arquitectura que goza de más notoriedad parece haber renunciado definitivamente a construir, como actividad específica del proyecto, se habla de "constructores de conceptos" para referirse a los arquitectos de más éxito, cuando en realidad se debería hablar de "imaginadores de antojos".

La miopía —visual y epistemológica— que caracteriza a la mayoría de los críticos de arquitectura les ha impedido advertir el papel constructivo esencial de la subjetividad moderna. En su propensión congénita a la banalidad, muchos críticos han reducido tal noción de **subjetividad trascendente** al simple ejercicio de lo personal, lo que anula cualquier posibilidad de experiencia de la obra, al carecer de valores capaces de trascender su mera presencia: no cabe otra relación con ella que el mero acatamiento.

La construcción, entendida como el acto de "ordenar y enlazar", que ha constituido el fundamento de la arquitectura en todas las épocas, se ha convertido, en la arquitectura actual más celebrada, en la mera yuxtaposición incompetente de fragmentos espaciales y materiales, sin otro propósito que colmar la insatisfacción de políticos y críticos profesionales. La renuncia a enmarcar la práctica del proyecto en un proceso histórico y la resignación con que se afronta el proyecto de arquitectura sin tener conciencia de su sentido cultural han convertido al arquitecto de éxito en un personaje a medio camino entre el "creativo publicitario" y el "bufón de la corte".

El desprecio actual de la técnica por parte de sectores significativos de la arquitectura les lleva a confiar en ella sólo como solución técnica a "imaginaciones" generalmente atectónicas —es decir, desordenadas e inconexas—, cuya materialización suele acabar constituyendo —además de una ostentación de mal gusto— un despilfarro innecesario. El abandono de la construcción formal y el desprecio de la construcción material han propiciado la irrupción de esos mismos sectores en las ciudades con artefactos grotescos que el paso del tiempo no conseguirá desvanecer, ni mucho menos redimir.

A modo de conclusión

Me he referido hasta aquí a la doble vertiente de la construcción en arquitectura: material y formal, así como a la proximidad de ambas, tanto a lo largo de la historia como en la arquitectura moderna. Para concluir, insistiré en que la construcción material es un **instrumento para concebir**, no una **técnica para resolver**: por definición, no determina la solución, sino que propicia decisiones cuyo sentido necesariamente han de trascenderla; su destino es contribuir decisivamente, a la sistematicidad congénita del edificio, a aquello que lo convierte en arquitectura. La construcción es la condición de la arquitectura, y la tectonicidad, un valor inequívoco de sus productos: cualquier edificio banal mejora sustancialmente con sólo tener en cuenta los aspectos constructivos que se han previsto para su realización.

Del mismo modo que no se puede conocer sin la condición que supone el uso de la lengua, no se puede concebir un universo espacial ordenado sin la conciencia sistemática que proporciona la construcción; naturalmente si por concebir se entiende formar un objeto genuino, dotado de sentido histórico y consistencia formal.

En pocas palabras —para concluir—, si se quiere contemplar un futuro en el que la arquitectura asuma un cometido análogo, siquiera lejanamente, al que desempeñó en otros momentos de la historia —una hipótesis que, convendrán conmigo, resulta cada vez más improbable—, hay que recuperar para el proyecto tanto el sentido común como el sentido de la forma, con la convicción de que **no hay proyecto sin materia** y, sobre todo, con la asunción de la evidencia de que **proyectar es construir**.

Arquitectura, tecnología, técnica, materia y afines

Alberto Sato

ARQUITECTO; DECANO DE LA FACULTAD DE ARQUITECTURA Y DISEÑO, UNIVERSIDAD NACIONAL ANDRÉS BELLO, SANTIAGO DE CHILE.

Quisiera preliminarmente exponer, a manera de índice, algunos términos que se mencionarán.

1. La Técnica es una destreza destinada a una finalidad práctica.

2. La Tecnología es una forma de conocimiento con finalidad práctica y es material, conformando un conjunto de acciones socialmente estructuradas.

3. La diferencia entre Técnica y Tecnología es epistemológica. La técnica establece procedimientos con la aplicación de conocimientos; la tecnología establece conocimientos con la aplicación de procedimientos.

4. Actualmente, muchas prácticas tecnologías son ciencia aplicada o ingeniería.

5. La ciencia, según Schröedinger sólo pretende hacer afirmaciones verdaderas y adecuadas al objeto, el objeto es la ciencia misma; según Kuhn, la ciencia es explicativa; según Popper, la ciencia es prescriptiva; según Jung, la ciencia "es una función del alma"; según Heidegger, la ciencia "está pensada para dominar a la naturaleza, controlarla, modificarla, en tanto que actividad operativa". Hasta que no se pongan de acuerdo, la ciencia es todo esto.

6. El arte y la ciencia son distintos. Afirmar que el arte es la "ciencia de lo bello" es una simplificación operativa que no conduce a nada.

7. El proyecto arquitectónico no forma parte del sistema de las ciencias, porque ni teórica ni empíricamente establece leyes generales, no investiga según sus metodologías, ni establece relaciones recíprocas con la ciencia; pese a todo esto, crea conocimiento.

8. Entonces, la Tecnología, cuando experimenta y propone modelos habitables, es arquitectura y crea conocimiento.

9. La arquitectura, créase o no, se hace con materia, los edificios se hacen con materiales.

10. Así, se hipotetiza que el Proyecto arquitectónico es una forma de conocimiento y que su finalidad práctica no son indicaciones técnicas, sino propone modelos físicos de habitar; por esta razón, es una tecnología.

11. La esencia de la tecnología es el arte, dice Martín Heidegger. Si se acepta esto, la arquitectura es arte en tanto que tecnología.

12. Que desde la modernidad, se insiste en abandonar la realización de la arquitectura como tecnología. La categoría que lo facilitó es la noción de Espacio.

Estas distinciones permiten establecer con mayor nitidez las relaciones necesarias entre técnica, ciencia, tecnología y arquitectura, pero como decía Mario Bunge, "distinguir el marido de la mujer no equivale a divorciarlos"

Lo que se expone a continuación no estaba previsto en la enumeración inicial, sin embargo, precede necesariamente porque es el problema que hace posible una discusión sobre el tema de la tecnología, cuando en realidad ésta debiera estar naturalizada en la arquitectura y por ello no debería provocar conflictos ni mucho menos, opciones.

Una breve referencia sobre la noción de Espacio quizás permita definir el territorio de la reflexión. Para Leibniz el Espacio es una relación de coexistencia entre cuerpos o materia, para la cual, para que la arquitectura sea posible, sería una "construcción, una disposición de materia que coexiste artísticamente". El filósofo afirmaba:

"el espacio no es un absoluto, no es una substancia; no es un accidente de substancias, sino una relación [...] para tener la idea de lugar y, en consecuencia, las del espacio, basta considerar las relaciones y las reglas de sus cambios, sin figurarse ninguna realidad absoluta fuera de las cosas de las cuales se considera la situación [...] Yo no digo que la materia y el espacio son la misma cosa, sólo digo que no hay espacio donde no hay materia y que el espacio, en sí mismo, no es una realidad absoluta"

Leibniz[1] polemizó con las ideas de Descartes, en tanto éste afirmaba la preexistencia del Espacio y la cosa extensa;[2] luego con Clarke, discípulo de Newton, en tanto que éste afirmaba la tesis del **sensorium Dei**, como si Dios necesitara de medios para el conocimiento —el Espacio o el Tiempo— y por tanto no sería la causa Primera.

Respecto del Espacio Absoluto de Newton: "El espacio absoluto, en su propia naturaleza, sin relación con nada externo, permanece siempre similar e inmóvil" , decía Dino Garber: "...No se trata pues, como nos lo imaginamos en la vida cotidiana, que el espacio está dividido en partes que llamamos lugares, ya que tanto la parte como el todo exigirían ser algo real, y hemos visto que lo uno como lo otro se agotan en ser ideas y sería absurdo referirse a ideas 'componiendo' materialmente a otras. De esta forma, una vez eliminada la realidad del lugar y del espacio, debe desecharse la imagen del espacio como un recipiente en parte lleno y en parte vacío de cosas. Esto sólo sería posible si se considerara que el lugar puede definirse independientemente de los cuerpos, pero dado que no es así, el lugar deja de ser aquello donde las cosas 'caben' y, por simple deducción, el espacio deja de ser el conjunto de las partes donde caben las cosas. Todo lo contrario, es el orden que encontramos entre las cosas lo que hace que tengamos la idea de lugar y, en consecuencia, la del espacio, pues éste surge, como vimos, a partir de las relaciones que establecemos entre las cosas".[3]

Sin duda, el movimiento moderno, al establecer relaciones entre el interior y el exterior de los edificios, incluye en la experiencia perceptiva materia que no está dispuesta por el proyecto constructivo, sino por preexistencias, sean naturales o urbanas. Al respecto, la disposición de materia no significa construirla —colocarse frente a una montaña para establecer el límite de un campo de experiencias perceptivas— sino lo que importa es la construcción del sitio desde el cual se realiza la experiencia que, sin duda, es arquitectura conformada por materia dispuesta deliberadamente. Así ocurre con un vano en la terraza de la Ville Savoye que permite ver la fronda, y no es lo mismo que hacerlo a la sombra de un sicómoro silvestre.

Un acto irreverente —como los que criticaba Sokal— permite a la arquitectura afirmar que Leibniz abre la posibilidad de reconstruir los hechos arquitectónicos. La noción de espacio pertenece al campo de la filosofía y la ciencia, y si bien la arquitectura no tiene pertinencia en un primer acercamiento hacia la noción, en tanto que disciplina que actúa con la geometría, las distancias y las posiciones, ha estado presente en la arquitectura desde

---

1. Citado en GARBER, Dino. "El espacio como relación en Leibniz". Caracas, Equinoccio, 1980, p. 144 y ss.
2. Citado en BENÍTEZ, Laura, "La materia en Descartes", El concepto de materia, México, Colofón, 1992, p. 22.
3. GARBER, Dino, op. cit., p.134.

la tratadística del Renacimiento hasta instalarse como su objeto a fines del siglo XIX, cuando se pensó que el Espacio en sí era materia de la arquitectura.

Sin embargo, desde las primeras décadas del siglo XX, se aseguraba que el arquitecto trabaja el Espacio. La lista de historiadores, críticos y arquitectos que suscribieron la idea del Espacio como objeto de la arquitectura es abrumadora. En efecto, sólo Bruno Zevi, como divulgador cita a A. Schmarsow, A.E. Brinckmann, Sörel, G. Scott, F.Ll. Wright, H. Focillon, F. Stelé, Th. M. Hartland, J. Hudnut, R.E. Wader, A.I.T. Chang, J. Posener, L. Moholy-Nagy, U. Boccioni, Th. Van Doesburg, Argan, Wittkower, Pevsner, Bettini, M. Pane, F. Gutheim, A. Drexler, C.L. Ragghianti, J.M. Richards, P. Frankl, P. Francastel. Esta lista se puede enriquecer con todos los arquitectos del diccionario de Hatje y otros diccionarios biográficos de figuras contemporáneas del campo arquitectónico, histórico, artístico y estético. Así la arquitectura en tanto que institución, está obligada a aceptarla, aunque todo indique que el Espacio es una estratagema evasiva.

Con esta afirmación no intento desalojar la idea de espacio por la idea del tiempo, concepto éste sobre el que se ha incursionado y que podría resultar más inquietante y novedoso, sino al menos destacar que la idea de espacio ha orientado muchas estrategias proyectuales dentro de un dominio de abstracciones que, paradójicamente, intentan abordar la producción de cosas artificiales, como decía Platón, "que antes no eran" e invaden la vida cotidiana con tan ineludible presencia que no hay trayectoria posible que ignore la existencia de dichas cosas

No porque las condiciones del mundo contemporáneo hayan cambiado, sino porque la disciplina arquitectónica continúa interrogándose sobre su constitución, sus estatutos y su relación con el mundo, se entiende que algunas nociones como la del Espacio contienen una carga histórica específica y que deberá someterse a una confrontación con otras nociones que si bien no la sustituyen, se colocan en sintonía con los nuevos instrumentos proyectuales. En efecto, la noción de materia acude críticamente ante la manipulación del tiempo, la virtualidad y las geometrías, porque de mantenerse la preeminencia del Espacio, éste naturalizará a cualquier operación proyectual basada en los fenómenos perceptivos y la abstracción del trazo, su campo se expandirá y todo mantendrá los mismos principios en una inmutabilidad histórica que hace innecesaria cualquier reflexión.

Es posible suponer que la abstracción constituye una manifestación de enajenación de la realidad, un modo de evitar la confrontación con una realidad que se rechazaba, pero también la conciencia de que todo se disolvía, al decir de Baudelaire. Pero lo sólido no sólo se desvanece por su transparencia y liviandad, también se evapora en la obsolescencia. Así, el Art Nouveau ha explorado hasta el paroxismo las cualidades expresivas y mecánicas de los materiales en una sociedad que devoraba insaciablemente lo que ponía a su paso. Esta situación permitió un salto cualitativo en la arquitectura: allí se aplicaron nuevos materiales: en su prehistoria, como imitación de las cualidades de otro; luego como derivado de las leyes de la industrialización, puesto que los materiales nuevos, artificiales al fin, no poseen en sí forma natural. El fibrocemento y otras fibras se convirtieron en láminas planas y nadie podría asegurar cuál es la naturaleza formal de estos materiales, por el contrario, el plano quedó naturalizado por la industria, así como el ladrillo quedó naturalizado en su forma prismática. En este sentido es posible hacer una relectura de lo que se dio por llamar la abstracción moderna y la valorización del plano, cuando los procesos industriales y la estandarización han resultado en dimensiones y formatos de geometría simple con el objeto de simplificar y a la vez universalizar los usos.

De este modo, la arquitectura del siglo XIX, un siglo diabólico, como lo denominaba Reyner Banham, entre el desconcierto y asombro de la revolución industrial, hacía presentes nuevos objetos y nuevos materiales que debían ser "naturalizados" Otto Wagner construyó los cerramientos de las estaciones del tranvía en Viena con fibrocemento pero, ¿se atendió a este nuevo material? ¿Se reconoció? ¿Creó nuevas percepciones? Sin duda, igual que el vidrio en el Palacio de Cristal, el acero en las obras de Victor Horta, la madera contraenchapada en Gropuis y también el acrílico y el peluche fosforescente en Bruce Goff o el titanio en Frank Ghery.

Cuando se comienza a utilizar la melamina o el titanio se tienen percepciones inéditas. Pero no se trata tanto de traer a discusión la naturaleza de los materiales y su verdad. El principio ético de que los materiales de la arquitectura deben exponerse en su desnudez orgánica, en la línea de Berlage, Wright o Scarpa corresponde a otro problema, puesto que también Mies van der Rohe, en la ausencia de intersecciones reales, con la llamada valorización del plano del neoplasticismo ha creado una nueva ilusión, puesto que en realidad todo Mies es materia. De este modo es posible hipotetizar, en términos proyectuales, que la materia de la arquitectura es la manipulación de la materia; sus resultados serán, si se desea, un lugar y un espacio.

Arribados a este punto, podríamos hipotetizar que el objeto de la arquitectura es la materia, pero esta noción, además de su complejidad conceptual, exige definir algunos marcos de referencia. En efecto, no se podría afirmar que es lo mismo el mármol que la melamina, un croquis en papel canson o una maqueta a escala, donde sólo existirían diferencias de estructura molecular entre ellas, resultando en definitiva, todas las cosas sustancialmente iguales. Esto quiere decir que existe una diferencia entre materia y material. La primera se refiere a la sustancia, la segunda a la práctica social de cada disciplina, y en cuanto a la arquitectura, esta práctica dispone la materia en virtud de una historicidad, de sus cualidades mecánicas y físicas y la capacidad de producir estímulos sensoriales. Estos son aspectos inseparables en la proyectación arquitectónica. Dentro del estado actual de la arquitectura esta compleja articulación sugiere analizar algunas tendencias o modos de trabajar la materia bajo distintos lentes que, por analogía, podrían clasificarse como estados de la materia.

Hablar de materia es hacer reconocimiento que en su origen latino designaba a la constitución de las edificaciones, y materio, que dicha constitución se ejecutaba con madera. Pues bien, no por ello se tratará de hacer pagar a la filosofía y la ciencia la deuda etimológica que la palabra materia podría tener con los edificios, ni menos discurrir aquí si el origen de la arquitectura fue una cabaña de madera, de tejidos o una cueva excavada en la roca, más bien el asunto concierne al alejamiento de la arquitectura respecto de la materia. El progresivo proceso de abstracción operado en el proyecto —que por su propia naturaleza es abstracto, es decir, mental y de la esfera contemplativa— logró disociar el fenómeno perceptivo de sus causas, al extremo que la operación proyectual consistió, desde fines del siglo XIX, en trabajar el fenómeno y no la materia que lo produce. Por el contrario, recuperar pendularmente la materialidad, no podría hoy respaldarse en los textos de uno de los teórico-prácticos más relevantes para la arquitectura moderna, Gottfried Semper, quien fuera simplificado como materialista o funcionalista. En un pasaje, Semper aclaró: "El material, de hecho está subordinado a la idea y no es el único factor que actúa en la manifestación física de la idea en el mundo de los fenómenos. No obstante, la forma —la idea hecha visible— no debe entrar en conflicto con el material con el que está hecho, no es absolutamente necesario que el material como tal sea el factor determinante de la apariencia artística".[4] Pero también, y más cercanamente, afirmaba Louis Kahn que: "Una Forma surge de los elementos estructurales inherentes a la forma. Una cúpula no ha sido comprendida si surgen preguntas sobre cómo construirla".[5]

Algo ha ocurrido que el Espacio se ha convertido en posible sustancia, en materia. ¿Cuáles son las explicaciones de esta inversión de términos? Una razón necesaria se encuentra en la negatividad, en la huida de las condiciones objetivas del mundo por medio de la abstracción proyectual. Sin embargo, cómo se explica que una operación proyectual abstracta y asustancial culmine, como ocurre con frecuencia, en edificios concretos, habitables en el cotidiano? Aparentemente sencillo: la exteriorización social de la que hablaba Gramsci es una cadena económico-productiva que se ocupará de traducir del dibujo al edificio. De allí la afirmación de Gregotti de que el

---

4. SEMPER, Gottfried. "Style in the Technical and Tectonic Arts". Santa Monica, 2004, p. 77.
5. KAHN, Louis. "Forma y Diseño". Buenos Aires, Nueva Visión, 1984, p. 63.

arquitecto es un productor de planos. Pero, como afirmara Evans: "Sólo con la restablecida certeza de una suficiente afinidad entre el papel y la pared pudo convertirse el dibujo en el locus de la actividad del arquitecto, capaz de absorber todas sus atenciones y luego transportar sus ideas a edificios sin un desfiguramiento indebido".

Sin embargo, repensar actualmente la materia parece un anacronismo, mucho más cuando hay, como decía Tomás Maldonado: "una teoría que en la actualidad está alcanzando gran éxito en diferentes esferas del saber (y del no saber). Me refiero a la teoría que prevé una gradual pero ineludible 'desmaterialización de nuestra realidad".[6] De este modo, a la luz de nuevas teorías, la materia parece anticuada y que ha sido institucionalizada en uno de los momentos fundacionales del pensamiento arquitectónico moderno: el Renacimiento. Leon Battista Alberti, en su De re aedificatoria declaraba: "... El diseño no contiene en sí nada que dependa del material; más bien es de tal modo que podemos reconocer un mismo diseño en varios edificios...Se podrán proyectar mentalmente estas formas en su integridad prescindiendo completamente del material: se conseguirá dibujando y definiendo ángulos y líneas exactamente orientadas y conectadas. Por todo ello, el diseño será pues un trazado concreto y uniforme, concebido por la mente, realizado mediante líneas y ángulos y llevado a conclusión por alguien ingenioso y culto". Apoyados en una media lectura de esta manualística, el camino de la modernidad se sembraba con semillas de gran fertilidad.

No obstante, una centuria después, Federico Zuccari analizaba la noción de diseño al abrigo de las categorías aristotélicas y sirven para aclarar aquella media lectura de Alberti, cuyo conocimiento de la construcción y especialmente su vínculo con la materia estaba totalmente naturalizado: "Cuando el filósofo dijo 'El arte imita a la naturaleza', quiso decir que así como la naturaleza y esencia de las cosas materiales consiste en la materia propia y en la forma propia y así como las ciencias naturales, la física, la medicina y las demás derivadas y auxiliares consideran no sólo la forma sino también la materia de las cosas naturales, así también el arte considera no sólo la forma de las cosas artificiales sino también su materia, en cuanto que es sujeto de aquella forma. Igualmente corresponde a nuestro arte de la pintura no sólo considerar lo pintado sobre muro o tela sino considerar también la misma tela y muro, materia de aquella forma, en cuanto son materias capaces y sujetos de la pintura".[7]

Hasta aquí, el Espacio como noción de la arquitectura. Sobre los supuestos anteriores, podríamos estar en condiciones de abordar los temas que nos ocupan.

---

6. MALDONADO, Tomás. "Lo real y lo virtual". Barcelona, Gedisa, 1994, p. 12.
7. Citado en: AA.VV. "Renacimiento en Europa". 1983, p. 273.

Protágoras presenta a Prometeo y a Epimeteo, encomendados por los dioses a preparar la raza de los mortales. En el mito, Epimeteo repartió "las facultades a cada uno conveniente [...] mas por no ser Epimeteo gran sabio en todo, se le pasó por alto el que había derrochado las facultades en los irracionales; quedábale desguarnecida aún la raza de los humanos, y, desconcertado, no sabía cómo arreglarlo. Estando así, llega Prometeo para dar una mirada al reparto y descubre que los demás animales estaban cuidadosamente provistos, pero que el hombre había quedado desnudo, descalzo, descamado y desarmado". Así fue que Prometeo, robando a Minerva y a Vulcano "la sabiduría hecha arte con fuego" se la regaló al hombre, a partir del cual el ser humano, beneficiario de dote divina: "con arte, articuló presto voz y nombres, e inventó casas, vestidos, calzado, camas y alimentos de la tierra; luego [...] buscaron cómo juntarse y salvarse, fundando ciudades".[8] Gracias a Prometeo, el racional logró inventar, porque si sólo fueran racionales, mientras ocupaban su tiempo meditando, hubieran sido presa de las fieras, del frío y las lluvias.

El mito sirve para distinguir que esta capacidad humana más que técnica, es tecnológica, porque los dispositivos extra corporales inventados para resolver necesidades prácticas constituyeron sistemas, es decir se articularon con un determinado sentido, y así fundaron ciudades. Esto sugiere que, contrariamente a muchos autores, la diferencia de la tecnología respecto de la técnica no es histórica, no se instala a partir de la sociedad industrial.

Si se buscara un concepto, Heidegger, en su ensayo "La pregunta por la técnica"[9] dio explicación a su "hacer brotar" de la verdad formulada en Ser y Tiempo, adquiriendo para la esencia de la técnica valor de dis-posición. "Lo dis-puesto es un modo destinal del desocultar, a saber, el pro-vocador". Heidegger no establece diferencias entre Técnica y Tecnología proponiendo que el desocultamiento de su esencia no está mediada por las reglas de la ciencia, aquella, históricamente la precede.

Finalizaba Heidegger: "En otro tiempo se llamó Τεχνη también a todo desocultar que pro-duce la verdad en el brillo de lo que aparece. [...] Las artes no surgieron de lo artístico. Las obras de arte no fueron gozadas estéticamente. Las artes no fueron sector de la producción cultural. ¿Por qué llevaron el sencillo nombre de Τεχνη? Porque fue un desocultar que aportaba y pro-ducía y por eso pertenecía a la ποιησιζ".

Una consecuencia derivada desde esta hermeticidad, así como otros equívocos anteriores de cuño positivista, fue que la técnica se autojustificó para el proyecto arquitectónico; unos en la confianza que la arquitectura es un problema técnico de construcción; otros que a través de la tecnología se

---

8. PLATÓN. "Obras Completas", Protágoras, Caracas, Universidad Central de Venezuela, tomo IV, p. 173-174.
9. HEIDEGGER, Martin. "Ciencia y Técnica". Santiago, Editorial Universitaria, 1983.

puede hacer arte o ciencia aplicada. Los primeros quedaron amarrados a la expresión primitiva de Τεχνη, como decía Robin Evans, compilando un código legal pretendiendo que además sea una buena novela; los segundos traspasaron los límites de la disciplina, colocándose en el campo de las ingenierías. La aspiración de éstos por expandir el campo disciplinar, en realidad lo trascendieron. El Laboratorio de Inteligencia artificial del MIT, el Engineering Design Research Center de la Carnegie Mellon University, la nanotecnología de Eric Drexler constituyen significativas exploraciones en el campo de las ciencias aplicadas y la ingeniería; las propuestas de Greg Lynn, William Mitchell o Marcus Novak constituyen interesantes hipótesis de disolución del mundo físico. Ambos hablan de diseño y arquitectura trascendiendo sus paradigmas; ambos amenazan su disolución desplazando su papel preeminente, como si la arquitectura fuera capaz de albergar "cualquier pensamiento" referido a los modos de vivir, cuando en realidad la arquitectura se ocupa sólo de los modos físicos de habitar en dispositivos tradicionalmente llamados edificios. Aquellas pretensiones niegan el status disciplinar, es decir su campo finito y discreto de intervención en la cultura y en la sociedad. En efecto, la arquitectura atiende al habitar físico, porque de no ser así, no alcanzaría toda la sabiduría del universo para ser arquitecto.

En un ámbito menos esencial, cabe establecer alguna diferencia entre ciencia y arte, porque en muchos casos ambos se confunden. En varias ocasiones, el siglo XX asistió al deseo de establecer bases comunes o al menos intercambiables, pero cada campo se ha mantenido dentro de sus propios límites disciplinares, es decir: la relación no estableció vínculos necesarios ni compartió materia común. Ya Thomas Kuhn demostraba que la tesis general de la identidad entre ciencia y arte era insostenible (Comments on the relations of Science and Art, 1977).

Se podría aceptar que aún no demostrando una relación necesaria entre Ciencia y Arte, se ha hecho posible establecer alianzas entre ambos campos o indagar sobre la posibilidad de encontrar plataformas comunes, porque pertenece a nuestra naturaleza dialógica cruzar fronteras y firmar convenios entre las diferentes actividades humanas. En este sentido, sería arbitraria una prohibición institucional. Por estas razones se debería definir con mayor especificidad los campos que aquí se tratan: se habla de arte y de ciencia en tanto que práctica específica, y están fuera de este asunto la estética y la metaciencia. La propuesta de Carles Moulines que se refiere a la "unidad simbólica superior" alcanza a la experiencia estética del mismo modo que ocurre con las construcciones lógicas en el campo científico. En el campo propiamente estético, vale la consideración de Wittgenstein: "Es interesante la idea que tiene la gente sobre el carácter de ciencia de la estética. Casi me gustaría hablar de qué podría entenderse por estética. Ustedes podrían pensar que la estética es una ciencia que nos dice qué es bello: esto es demasiado ridículo casi hasta para decirlo".[10]

En este caso, ¿cuál es la necesidad y la oportunidad de insistir en este cruce, fuera de toda intención interdisciplinar o transdisciplinar que necesariamente convoca cualquier actividad social contemporánea? Citaba Ilya Prigogine que: "... la física de los procesos de no equilibrio condujo a conceptos nuevos como la auto-organización y las estructuras disipativas, hoy ampliamente utilizados en ámbitos que van de la cosmología a la ecología y las ciencias sociales, pasando por la química y la biología..." (El fin de las certidumbres, 1996) De este modo, algunas de estas nociones han modificado las visiones clásicas del conocimiento científico y humanístico, y el arte comenzó a hablar, en su "necesidad imperiosa de conocimiento", como decía Nietzsche.[11]

Así, es necesario colocar la relación Ciencia y Arte dentro de una realidad disipada que interroga acerca de las formas del conocimiento. El arte como experiencia es problematizador y reflexivo: lo bello es una circunstancia, a menos que se constituya en categoría. Theodor Adorno señalaba que "sólo goza [el arte] quien es ignorante" (Teoría estética, 1970) En la ciencia, dice Schrödinger: "La mente no ha podido abordar esta gigantesca tarea sin el recurso simplificador de excluirse a sí misma, de omitirse en su creación conceptual".[12] O sea, la ciencia, además de explicar los fenómenos del universo, lo hace simplificando; el arte lo hace problematizando.

En cuanto al problema disciplinar que nos ocupa, la ciencia moderna secuestró el método medieval de la experimentalidad, que no tenía otro rumbo que dar cuenta de la existencia de Dios. A partir de Galileo adquirió carácter de verificación de hipótesis menos trascendentes vinculadas con el mundo físico y se constituyó en método científico. No por esta razón Galileo fue forzado a abjurar ante el tribunal inquisidor, pero se podría convenir que era razón suficiente. No obstante si interrogamos acerca de su esencia, la experimentalidad es una forma de conocimiento sin que la preceda una teoría. Así le ocurrió a Blasie Pascal.

Al respecto, decía Javier Aracil, un ingeniero de sistemas que: "En muchas ocasiones se construyen modelos de aspectos de la realidad de los que se carece de una teoría, precisamente para ensayar sobre ellos conjeturas o hipótesis respecto de una teoría de la que se carece. El modelo se convierte entonces en un generador de teoría, y no en un simple receptor pasivo de ella. Este tipo de situaciones son especialmente patentes cuando

---

10. Al respecto caben citar, la ponencia de Carles Ulises MOULINES "La metaciencia como arte", en AA.VV. "Sobre la imaginación científica", Barcelona, Tusquets editores, 1990, p. 39 y ss. Ver también WITTGENSTEIN, Ludwig. "Lecciones sobre estética", II, 1-2., Barcelona, Paidós, 1992.
11. Cit. en: NIETZSCHE, Federico. "Humano, demasiado humano". Madrid, EDAF ediciones, 1980, p. 161.
12. SCHRÖDINGER, Erwin. "Mente y materia". Barcelona, Tusquets, 1990. p. 44.

el objeto que se trata de estudiar es un sistema y en tanto tal no deriva de leyes generales sino de la articulación de leyes generales e historia: de este modo tenemos un modelo orientado al conocimiento, que sin embargo no presupone la existencia de una teoría".[13]

Considerando esta proposición, el proyecto arquitectónico construye modelos y carece de una teoría que la preceda, salvo aquellas que se refieran a sus propios instrumentos: decía Manfredo Tafuri (1970): "En campo crítico, hablar de una teoría de la arquitectura no tiene mucho sentido, pero puede tenerlo en el campo de definición de nuevos instrumentos proyectuales". De este modo, la realización de un modelo con propósitos prácticos del habitar, es decir, la realización de un proyecto con propósitos arquitectónicos produce conocimientos desde su propia práctica proyectual. La construcción de modelos se plantea como una estrategia cognitiva. Tecnología es así, conocimiento operativo, no descriptivo; es un sistema de acciones que se rigen por métodos proyectivos-programáticos.

Establecido el proyecto como tecnología, como modelo, el paso siguiente es considerar que el modelo tiene el propósito de entrar en acción en el mundo real, no obstante, históricamente este proceso no estuvo exento de dificultades.

Un discípulo de Theodor Lipps, Wilhelm Worringer, publicó su "Abstraktion und Einfühlung" en 1908, asociando Einfühlung con naturaleza orgánica y el "impulso artístico propiamente dicho". El polo opuesto a proyección sentimental es, para Worringer, la abstracción. Tal el éxito de esta propuesta que en 1921 había alcanzado 11 ediciones, consolidando las ideas germinadas por sus maestros de fin de siglo popularizando la teoría del Einfühlung de Robert Vischer.

Una lectura particular de la ciencia permitió formalizar la alianza con el arte asociando a la noción de empatía como una explicación objetiva de la obra de arte, en tanto que el Espacio, a través de la Percepción, se había convertido en cosa aprehensible, contenido y lugar de los acontecimientos artísticos. Si el Espacio no puede —según Leibniz— ser autónomo a la materia, cabe preguntarse porqué el discurso arquitectónico contemporáneo se refiere especialmente a uno de términos de la ecuación, precisamente a aquél que es consecuencia de la relación de coexistencia de la materia. Podría hipotetizarse que la crisis del objeto, la pérdida de aura de la modernidad, es compensada —en arquitectura— por el Espacio como campo de reclusión, como refugio metafísico ante las vicisitudes del mundo moderno.

No tengo autoridad para convencerlos de estas alteraciones del estatuto disciplinar. Pero intento, como decía Erwin Schrödinger, que: "Cualquier serie

---

13. ARACIL, Javier, "Notas sobre el significado de los modelos" en: Nuevas meditaciones sobre la Técnica Madrid, editorial Trotta, 1995, p. 76.

de acontecimientos, en la que intervenimos con sensaciones, percepciones y quizás con acciones, se escapa gradualmente del dominio de la conciencia si se repite de igual modo y con mucha frecuencia. Pero salta inmediatamente a la región consciente si el acontecimiento o las condiciones ambientales experimentan alguna variación con respecto a todas las incidencias previas".[14]

Sólo, atendiendo al procedimiento —argumentun ad verecundiam— empleado en esta exposición, concluyo entonces con Le Corbusier y su "espacio inefable", que coincide con el aforismo 5.61 de Wittgenstein: "Lo que no podemos pensar no podemos pensarlo. Tampoco, pues, podemos decir lo que no podemos pensar". En el 5.62 aclara: "Esta observación da la clave para decidir acerca de la cuestión de cuanto haya de verdad en el solipsismo. En realidad, lo que el solipsismo significa es totalmente correcto; sólo que no puede decirse, sino mostrarse" Le Corbusier habla de algo que muestra por medio del proyecto señalando un modo de hacerse, es decir, produce un conocimiento por medio de la experimentalidad proyectual: la recherche patiente, desde la maison dominó hasta la unité. El maestro ha resuelto, entre otras cosas, el problema de la tecnología.

---

14. SCHRÖDINGER, Erwin, Mente y Materia, Barcelona, Tusquets Editores S.A., 1990, p. 12.

Transferencias
Por un pensar técnico*

Juan Herreros
ARQUITECTO ETSAM, ESPAÑA; PROFESOR TITULAR DE PROYECTOS EN LA ESCUELA DE ARQUI-
TECTURA DE MADRID.

Uno: Cuatro técnicas

Este es un texto sobre **técnicas**, voz que según el diccionario se refiere literalmente al **conjunto de procedimientos de los que se sirve una ciencia
o arte**. Más allá de la simplificación que asocia las técnicas solo a los recursos positivos directamente implicados en la idea de construir lo proyectado,
extender la definición enunciada a cada fase de la práctica arquitectónica
puede abrir una manera pertinente de revisar nuestra posición en tanto que
arquitectos en el mundo actual. Así, si habláramos de **Técnicas de Pensamiento** y **Técnicas de Proyecto** e incluso de **Técnicas de Uso** como lo hacemos de
las **Técnicas de Construcción**, estaríamos expandiendo los límites del proyecto más allá de la idea elemental de construir edificios permitiéndole encontrar un lugar en el mundo y no solo en el entorno endogámico de su disciplina. Por eso, para expandir esos límites, el texto se titula **transferencias**,
porque pretende explorar las razones para mirar en otros lugares, atender a

Texto elaborado a partir de la transcripción de la Conferencia dictada el 24 de marzo de 2004 en el curso
"Conceptos de arquitectura contemporánea" celebrado en el Centro de Cultura Contemporánea "CCC" de Barcelona a partir de la ponencia presentada al Congreso "Design Inteligence" en la Universidad de Princeton,
el 12 de marzo de 2003.

otros sectores —especialidades, épocas, entornos...— a la hora de obtener datos —referencias, inspiración, léxicos, imágenes, modelos...— con los que operar. La Filosofía, el Arte de su tiempo y la Ciencia en desarrollo han sido vitales desde siempre para la arquitectura y nada nuevo estaríamos descubriendo con esta observación. Pero hay una transferencia nueva que poco tiene que ver con la transposición mimética o metafórica de las ideas filosóficas, las referencias literarias o las formas de la escultura o los métodos científicos y que resulta no sólo pertinente sino quizás urgente en este momento: hacerse eco de las inquietudes colectivas que atraviesan el presente. Esta **dimensión social** es la que puede introducir un nuevo factor, que llamaremos **de servicio**, que haga **oportuna** y **necesaria** a la arquitectura y reconduzca la puesta a punto del **nuevo repertorio instrumental** servido por las revoluciones en curso ante nuestros ojos y cuántos fenómenos asociados a la transformación del mundo podamos identificar.

Si coincidimos en que la arquitectura reciente, aún siendo un fenómeno de gran calado mediático, ha perdido posiciones tanto en lo que se refiere a su capacidad para hacer el mundo más habitable como para participar de la construcción y evolución de aquello que llamamos cultura, es fácil deducir que **dimensión social, oportunidad y nuevo repertorio instrumental** son elementos básicos que deben guiar la implicación de la arquitectura con el presente y el futuro inmediatos.

La técnica aparece ante nosotros como un poderoso instrumento de anclaje de las ideas a su tiempo. La dificultad está en identificar precisamente qué es lo que puede interesarle a la arquitectura del presente, convulso y contradictorio, o, dicho de otro modo, cómo utilizar en su favor ciertos ingredientes que, aunque abrumadoramente visibles, no han sido suficientemente codificados para trabajar con ellos de una manera positiva. Nos referimos a fenómenos como la revolución geométrica derivada de las nuevas tecnologías; los cambios inducidos por la omnipresencia de las telecomunicaciones; la creciente movilidad de las personas y las cosas; la globalización de los usos, el consumo y la cultura; la dimensión desbordante de la explosión demográfica, la emigración, las catástrofes naturales o los asuntos medioambientales.

Asociamos **técnicas de pensamiento** al intento de establecer las conexiones necesarias para explorar positivamente el presente. Con ello, sugerimos la idea de que frente a la interpretación de la arquitectura como una disciplina de **trabajo técnico**, podría proponerse el recurso de **pensar técnico**. Asociamos el concepto **pensar técnico** a la reflexión sobre los procedimientos de producción de las cosas como consecuencia de la intervención de protocolos preestablecidos en forma de reglas, leyes o sistemas de ecuaciones. Haciendo esta lista extensiva a las ideas, pensar técnico supone investigar cómo éstas pueden ser identificadas, elaboradas, aplicadas y revisadas de manera que tal proceso pueda entenderse **tan técnico** como lo es su puesta en realidad —su construcción— y por supuesto, su uso en el tiempo. Traer al mundo de las ideas el interés por sus procesos de producción no es otra cosa que la puesta en práctica de lo que denominamos **actitud pragmática**. Si **inventar conceptos** sería según Deleuze y Guattari[1] la gran tarea del pensador contemporáneo y obtener instrumentos con los que negociar un entorno imperfecto —lo que denominamos "contingencia"— la propuesta implícita de Richard Rorty,[2] podríamos concluir que el establecimiento y ensayo de tales protocolos sería precisamente la acción, hablamos ahora de las **técnicas de proyecto**, más específica del arquitecto contemporáneo que quiere, como el filósofo deleuziano, **ser el amigo del hombre**. Quizás por ello, la primera llamada de atención hoy debería ser contra la incongruencia implícita entre el uso de unos recursos geométricos y figurativos de origen digital y una puesta en obra que sigue siendo básicamente mecánica. Nos referimos ahora, es obvio, a las **técnicas de construcción**, que encontrarán su pertinencia en el establecimiento de **sistemas** —de nuevo un conjunto de reglas para tomar decisiones con el que abolir el detalle constructivo como el fetiche más perverso del arquitecto nostálgico— cuyo principal objetivo será la eliminación de **lo superfluo** a favor de **la simplicidad, la inmediatez** y **la universalidad** de las soluciones, pues solo así, cada obra formará parte de una investigación planetaria transferible y contribuirá a la construcción del patrimonio constructivo de nuestro tiempo, como si del establecimiento de un nuevo léxico se tratara.

Pero estos protocolos —de proyecto y construcción— deben ser abiertos, la incertidumbre nos obliga a ello, y por eso a nuestra lista debemos añadir las **técnicas de uso. El futuro**, desconocido, forma parte esencial de nuestro trabajo y debe ser introducido en el proyecto como una variable más, de la manera más pragmática que podamos concebir a pesar del conocimiento nebuloso sobre su devenir. Ello supone entender que el tiempo es ahora un material de proyecto y el tiempo futuro su versión más compleja. Lo que en los años sesenta se interpretó como un llamamiento a la flexibilidad (concepto que se revive sistemáticamente de manera nostálgica y moralista: **si es**

---

1. "La filosofía es el arte de formar, de inventar, de fabricar conceptos" (p. 8), en DELEUZE, G. y GUATTARI, F. "Qu'est que la Philosophie", Éditions de Minuit. La cita es de la edición española "Qué es la Filosofía": Anagrama, Barcelona, 1993. Al escritor W. Gibson pertenece la cita "Inventar palabras, neologismos, es hacer poesía pop".
2. "Eludir todo lo que sonase a filosofía como contemplación, como el deseo de ver la vida como algo firme y en su conjunto, a fin de insistir en la pura contingencia de la existencia individual" (p. 46) y más adelante: "El ironista pasa su tiempo preocupado por la posibilidad de haber sido iniciado en la tribu errónea" (p. 93), en RORTY, Richard. "Contingency, Irony and Solidarity", Cambridge University Press, Nueva york, 1989. Las citas son de la edición española: "Contingencia, Ironía y Solidaridad", Paidós, Barcelona, 1991.

flexible es mejor), precisa hoy de redefinición total pues no se trata de hacer posible lo ya conocido —una familia que aumenta, una distribución de oficina que cambia, un edificio que se amplía...— sino lo absolutamente impredecible. Al igual que al referirnos al abuso de la libertad geométrica servida por la revolución informática en el caso del proyecto, aquí el error está en suponer que tal impredecibilidad abre las puertas a la celebración del caos disfrazada de la responsabilidad que supone controlar lo incontrolable y que ha generado en las últimas décadas sucesivas oleadas de excesos —económicos, energéticos, materiales...— que han estimulado lo que podríamos llamar una **libertad insostenible**.

Podríamos concluir esta primera parte enunciando que ya se trate de **inventar conceptos, proyectar, construir** o **usar en el tiempo**, el principal enemigo de la posición pragmática es cualquier forma de fascinación por la complejidad desbordante. Si la atracción irresistible por la máquina y la producción en serie fue el sello de las vanguardias europeas, una sublimación semejante hoy ante cualquier aspecto tecnológico-científico sería el ingrediente más contrario a la contemporaneidad, el más **moderno**, el más nostálgico. Ya lo vimos en los contenidos más figurativos de la corriente **High-Tech** (que no solo fue británica, tan comprensible, sino también europea y americana con un éxito ridículo por descontextualizado en Latinoamérica), en el ala despilfarradora de la producción de-constructivista y, para no situarse exclusivamente en un lado de la corriente, en el derroche simétrico (ahora para mantenerse inmóvil, resistente) igualmente nostálgico y agobiante de los radicales de la cruzada minimalista por la contención, esa densidad agotadora y represiva tan frustrante disfrazada de herencia y deseo de una modernidad que huye desbocada hacia delante. Pero sobre todo, podemos apreciarlo en nuestras escuelas de arquitectura y en la proliferación de una arbitrariedad seudo-científica que está lastrando las verdaderas posibilidades del **proyecto como investigación** especialmente si se trata de dar entrada en él a los fenómenos inestables o la inducción de un **compromiso contra la indiferencia**.

El **rechazo a lo superfluo** y su sustitución por la simplicidad, el **proyecto como investigación** y la arquitectura como **compromiso contra la indiferencia** son propuestas más que concretas que merecen un pequeño desarrollo.

Dos: Tres propuestas

Lo superfluo y la simplicidad. Absurdamente, cuanto más pequeñas, simples, concisas y ligeras son las cosas, cuanto más interés muestra el mercado y los consumidores en eliminar todo dramatismo asociado al uso de los objetos que nos rodean, más sofisticada, complicada e inútil es la arquitectura coetánea. La renuncia a lo superfluo constituye un programa, tan arquitectónico como intelectual, de primera magnitud. Quizás la dificultad está hoy en identificar qué cosa es lo superfluo cuando hemos superado el trauma contra la decoración o entendemos el poder de la forma y la imagen sin los prejuicios de los modernos ni la militancia por el significado de los posmodernos. La simplicidad a la que nos referimos no renuncia a una complejidad interesante pero asocia la intensidad —el más contemporáneo de los esfuerzos y su mejor conquista— al establecimiento de sistemas con los que obtenerla a través de operaciones tan elementales como sea posible.

El proyecto como investigación. No podemos seguir llamando investigación al parasitismo depredador sobre léxicos y sistemas de representación ajenos sin devolver a las disciplinas invadidas nada que desde la arquitectura les pueda servir para avanzar. La citada incongruencia pensar digital-construir mecánico otorga a los recursos gráficos un protagonismo que está desviando la pregunta sobre ¿qué investigan o deben investigar realmente los arquitectos? y ¿cómo puede hablarse de investigación desde el proyecto? El establecimiento de los protocolos de trabajo citado en el primer punto se explica ahora claramente: ese es el trabajo de investigación implícito al proyecto y es específico para cada caso. De esta manera, el proyecto se nutre de ingredientes reinterpretados —transferidos— de experiencias anteriores y de otros campos del conocimiento y referencias culturales o visuales y, lo más importante, produce un conocimiento útil para los demás, y por ello podemos calificarlo de **científico**, cerrando el ciclo de la investigación. Dar entrada a los demás, establecer diálogos entre las ideas, el mercado, usar los catálogos, etc. es lo que permite describir el proceso de proyecto como un trabajo de investigación e incluirlo en una red superior de experimentos de la que participa y se nutre una comunidad **científica** que no solo aprecia los resultados sino que se interesa también por la lectura de las condiciones iniciales, la elección de los parámetros, el establecimiento del programa de trabajo, la invención de sistemas coherentes, etc. Proyectar es tomar decisiones y constituye sustancialmente un trabajo de síntesis sobre un material existente y una dosis ciertamente pequeña de novedad en cada caso en contra de la actitud heroica que pretende inventarlo todo desde cero...

La arquitectura como compromiso contra la indiferencia. La técnica es aún hoy un patrimonio desigualmente repartido y si la arquitectura tiene mucho de servicio, nuestro empeño en la simplificación o el establecimiento de sistemas universales tiene por objeto asumir una postura responsable para evitar la imposición del más fuerte a cualquier escala (pueden ustedes poner aquí los binomios global-local, pero también fuerte-débil o grande-pequeño... ingredientes de lo que llamamos "realidad ignorable") y fomentar el diálogo, el descubrimiento del otro y la conversación igualitaria y democrática con los mismos recursos y posibilidades para todos los habitantes del planeta. Esa es hoy la técnica contemporánea necesaria en cuatro quintas partes del mundo, no la de **Katia**. Pero esto no es solo una postura ideológica, tiene que ver también con una sensibilidad nueva aún en formación, otra emoción que no es la del asombro o el espectáculo, sino la de la simplicidad, la baratura, la eficiencia, la intensidad y la universalidad.[3]

Tres: Un caso tipo de transferencia: la oportunidad que nos brinda la sostenibilidad

Curiosamente, a fecha de hoy (2006), **sostenibilidad** es un concepto que no aparece en el diccionario de la Real Academia[4] ni en la herramienta de corrección gramatical de Windows pero todos entendemos cuánto convoca uno de esos mundos desde los que una transferencia oportuna puede permitirnos formular algunas preguntas o entrever una forma de construir una cosmogonía pertinente, una descripción del mundo capaz de desvelar aspectos del mismo invisibles a simple vista.

Insistiendo en que la propuesta se refiere a transferir conceptos y modos de leer la realidad independientemente de **ser sostenible**, esto es, tomar sus doctrinas como pertinentes, la oferta que apreciamos en la sostenibilidad pone en primer plano la idea, tan simple, tan potente, de que la arquitectura no es otra cosa que un filtro interpuesto entre el individuo y el mundo. De manera que, aún no sintiendo interés por los modelos de acción basado en políticas reformistas o en la amenaza pesimista de un desastre global, sí parece que la **conciencia sostenible** constituye una de aquellas inquietudes colectivas asumibles por el proyecto pero también una buena agenda para reorientar nuestra práctica. Para ello, empecemos por sustituir la palabra conciencia —con sus connotaciones de alegato derrotista— por la de **pensar** como ya habíamos hecho con la propuesta de **pensar técnico** convertida ahora en **pensar sostenible**.

A simple vista, se observa que los planteamientos que acompañan al cuerpo teórico de la cultura de la sostenibilidad tienen una fuerte carga ideológico-sensible —definen una posición respecto a la realidad— pero su

---

3. Véase ABALOS, I. y HERREROS, J. "Siete Micromanifiestos", en 2G Nº 22.
4. Según José Luis Lizcano y Pablo Nieto en "RSC y Sostenibilidad, Algo más que Palabras": "La palabra sostenibilidad no se puede encontrar en el Diccionario de la Real Academia Española. Es un neologismo derivado del adjetivo sostenible. Sostenible se dice de un proceso que puede mantenerse por sí mismo. La sostenibilidad sería la cualidad de sostenible, la sustantivación de este adjetivo. En la lengua inglesa 'sustainability' es también el sustantivo de 'sustainable', presentando sustainable una definición prácticamente idéntica a la española".

realización es sumamente tecnológica y hasta el día de hoy claramente ajena al proyecto y más interesada en los aspectos puramente económicos —la factura de la luz— y responsables —reducir las emisiones. Mientras tanto, apenas hemos explorado el potencial arquitectónico y paisajístico que las tecnologías asociadas a la sostenibilidad han desarrollado —por no hablar de la nula presencia en las escuelas de arquitectura si no es convertida en asignatura teórica— y los pocos casos que se han visto nos ofrecen una moda que salva su conciencia a través de una ingenua naturalización de la arquitectura —añadir verde— o un comportamiento eficaz que no deja huella en su organización, imagen o espacialidad.

Dicho de otro modo, no nos interesa ni renunciar a la arquitectura tal y como la conocemos por insostenible o impertinente frente a la problemática medioambiental ni sustituirla radicalmente por una especialidad de corte puramente tecnológico que solo atiende a su propio radicalismo "ecológico". La imagen de la conversación resulta pertinente de nuevo. Necesitamos nuevos paradigmas resultantes de la integración de los nuevos conocimientos y recursos y componer con todo ello unas nuevas técnicas de proyecto. Rechazamos por lo tanto por escasamente interesante la reducción de la sostenibilidad a una postura concienciada —cuando no meramente una obligación normativa— y el abandono de su interés estético o de diálogo con una cultura técnica en evolución. Pero tal compromiso no es fácil de asumir puesto que desde la muerte de la modernidad, el escepticismo acompaña a la toma de posturas ideológicas en arquitectura. De manera que a simple vista, podríamos afirmar que nos estamos perdiendo un encuentro más que atractivo entre una sensibilidad subjetiva, un ideal y una industria (o un mercado nacido de aquella) que muy bien podría ayudarnos a trabajar en la disolución de ciertos binomios tradicionales que están lastrando nuestra práctica como natural-artificial, arquitectura-paisaje, ciudad-naturaleza, centro-periferia, edificio-contexto hasta desdibujar los límites entre ellos entendiendo que en la construcción del mundo globalizado actual no sirve de nada aquella clasificación.

Cuatro: Tres ingredientes de la sostenibilidad para transferir al proyecto

Reciclabilidad. Reciclar es devolver al ciclo vital algo que ha entrado en un periodo de obsolescencia. Podemos tomarlo en sentido literal como un programa asociado a construir con materiales reciclados, reciclables o eliminables sin dejar residuo y asumir pautas en tal dirección como eliminar los barnices y pinturas o plantearnos seriamente qué sentido tienen tanto suelo pavimentado o tantas cimentaciones enterradas bajo tierra. Pero la idea de reciclar adquiere una dimensión transformadora si la extendemos más allá de la recuperación material: reciclar nuestros conceptos (naturaleza, equilibrio, caos, belleza), nuestros métodos de trabajo (recursos digitales, ubicuidad telemática, nuevos expertos, trabajo en equipo), nuestros métodos pedagógicos (laboratorios, talleres, unidades docentes...), nuestros sistemas constructivos (digital contra mecánico, incremento de las instalaciones imposibles de ocultar, estructura portante que no estructura espacialmente, desaparición del detalle constructivo...), nuestro compromiso con la vida futura de los edificios (obsolescencia desigual, inestabilidad programática, derribo y sustitución...), y , claro, nuestra propia posición frente a la sociedad (el arquitecto como estratega, conversador, intérprete...). He aquí un programa completo de investigación que tiene derivaciones conceptuales, metodológicas, matéricas y culturales pero sobre todo estéticas, que acerca la arquitectura a los usos cotidianos, al sentido democrático del hacer menos, a su reintegración como pieza importante de un futuro deseable.

Energía. La energía es seguramente el gran tema del presente-futuro. Podemos describir nuestro presente como invadido una cultura de la energía. Se ha hablado mucho de la información y el tiempo como dos nuevos materiales con los que la arquitectura debe aprender a trabajar. Podríamos plantearnos qué ocurre si añadimos "energía" a la lista y la sometemos al mismo principio.

Igual que con el reciclaje, antes de centrar su importancia en términos medioambientales, quedémonos un rato en el estadio conceptual de la Energía como "capacidad de un cuerpo o sistema para producir un trabajo" o, más importante, como "potencia activa de un organismo; eficacia, virtud para obrar o producir un efecto". La definición de energía remite a la idea de algo activo (vivo) y podemos considerarla junto con el tiempo como los ingredientes fundamentales de los procesos de cambio. Hablando de procesos y posicionamiento pragmático frente a ellos, el de la energía es revelador: producción-transporte-almacenaje-consumo-residuo-reciclaje (idéntico al de la basura, otra materia prima contemporánea de primer orden). Cómo apropiarnos de ella —y hacerlo tan silenciosamente como sea posible— será un guión esencial del "pensar técnico". Y para ello, podemos comenzar por la energía invertida en las rutinas de proyecto, en la forma de detectar cuál es la oportunidad que encierra cada momento, cuáles serán los procesos adecuados (¿no son demasiado artesanales, laboriosos, ensimismados, nuestros sistemas de producción del proyecto?). Su despilfarro es por supuesto un absurdo conceptual más allá de su pertinencia medioambiental.

Veremos pronto programas asociados al ciclo de la energía. Una escala inimaginable alterará la jerarquía de la ciudad tradicional al ser desvelados los lugares, hoy ocultos a los ojos de los ciudadanos, de los que depende su bienestar. Una legión de nuevas especies (paneles, generadores, acumuladores, emisores...) poblará el territorio al tiempo que ideas como autosuficiencia, vertido-cero, arquitectura "productiva"... parecen recuperar nostálgicamente un ideario post-hippie. Sin embargo, vienen precisamente del otro extremo: del consumo, o lo que es lo mismo, del de una demanda que pasa por una cultura técnica que no es la del sueño del buen salvaje sino la del ciudadano tecnificado para lograr la mayor implicación con su medio. Aquí transferencia podría entenderse en el tiempo: ¿qué hacer hoy con los idearios de la arquitectura británica de los sesenta? ¿Y con los ideales futuristas de los herederos de Fuller?...

Integración. Todo ello nos remite a una lectura del territorio como soporte tecnificado. El paisajismo tradicional, la mirada panorámica o la contemplación ensimismada, desvelan su destino "decorativo" al encontrarse con la capacidad transformadora de las infraestructuras, con la potencia constructora de los ciclos, con la colaboración de una naturaleza trabajando para la ciudad y viceversa. Integración sería el resultado de cruzar energía y sostenibilidad con el propósito de proyectar un medio simbiótico a todas las escalas. Ello supone asumir **órdenes mayores** independientemente de la escala de las intervenciones. Por órdenes mayores entendemos las redes, la propia naturaleza, el tiempo y la vida futura de los edificios y las ciudades... Ninguno de ellos puede seguir basándose en la absoluta artificialidad de la arquitectura.

Cinco: Una nueva sensibilidad

Trabajar sobre la idea de técnica capaz de disolver las diferencias entre las categorías tradicionales de lo natural y lo artificial supone reconocer que ni el soporte (¿el lugar?) ni la construcción son cuestiones exclusivamente físico-matéricas y/o subjetivo-virtuales. En el caso del territorio, la agricultura nos proporciona la información antropológica suficiente para entenderlo con facilidad. Pero si esa artificialización de la naturaleza nos ayuda a imaginar una deseable naturalización de la ciudad, no está tan claro a qué puede referirse tal disolución más allá de introducir "verde" en ella. Adentrándonos más en esta idea, imaginemos una arquitectura de microactividad permanente —como la presente en la humedad exhalada por los procesos o los microruidos de la voracidad biológica— y pensemos cuánto se nos muestra como una imagen certera de lo realmente vivo. Entre la obsesión por permanecer, esa nostalgia de un futuro previsto, temerosa de todo cambio, y la fluidez extrema desposeída de cualquier compromiso que ninguna huella deja, surge a través de esta imagen el descubrimiento poderoso de una identidad constante, de que hay un mundo intermedio formado por el aire, la humedad, el polen, el paso de las estaciones, el crecimiento de los organismos... que deben ser considerados auténticos materiales técnicos de construcción. Incorporar estos materiales al proyecto de ciudad implícito en cada actuación, cada edificio, supone entender que construir a la escala que sea es contribuir al funcionamiento de la ciudad y que su descripción no puede hacerse ya con las herramientas del urbanismo tradicional sino con las de la geografía. **Geografía Infraestructural** es el nombre de una ciencia inventada que podría atender esta idea de pensar sostenible el mundo a través de la construcción de cualquiera de sus piezas tenga la escala que tenga y para ello, cerramos el círculo, proponiendo la transferencia de ida y vuelta de todas las disciplinas interesadas en tal proyecto entre las cuales, la arquitectura tendrá que conquistar su papel.

Artesanía digital y naturaleza construida
Nuevas técnicas

Iñaki Ábalos
ARQUITECTO ETSAM, ESPAÑA. CATEDRÁTICO DE PROYECTOS EN LA ESCUELA DE ARQUITECTURA
DE MADRID.

Fascinados por la belleza (cara o improbable) de las formas complejas y los procesos abiertos de formación a través de protocolos informáticos, donde la única responsabilidad del autor estriba en elegir cuándo presionar el botón PRINT (como Aarón Betsky ha escrito en **Domus**), olvidamos a menudo que muchas revoluciones tecnológicas surgen de revisitar el pasado dotados de nuevos instrumentos (véase Renacimiento, véase Ilustración, véase Romanticismo). El tiempo es el principal material del que se nutre su cara opuesta, el espacio, haz y envés de la arquitectura, y como todos sabemos ya, el tiempo actúa en múltiples direcciones, incluso se queda quieto, en suspensión y pasa a ser el presente, este instante, el limbo del tiempo, siempre tan apresurado. El limbo es la técnica, la técnica es nuestra relación con el presente, los arquitectos solo podemos orientar las técnicas que nos ofrece el presente construido por la sociedad dándoles un contenido u otro, organizándolas en unos u otros sistemas, negando unas y afirmando otras y así devolverlas a la sociedad construyendo una visión: las técnicas secas y ligeras son, por ejemplo, una opción que busca menos "eternidad" a cambio de más facilidad y menos sufrimiento, la sustitución del esfuerzo físico por el intelectual, del futuro por el presente.

Las técnicas no están quietas, cada presente solo tiene un conjunto limitado de ellas (a la sucesión de conjuntos en el tiempo se le llamaba antes evolución) y además también empujan en distintas direcciones temporales, se unen con otras aproximaciones a la arquitectura y, aliadas, polarizan las flechas del tiempo en múltiples direcciones. De hecho podría decirse con bastante certeza que no podríamos hablar de arquitecturas en ningún caso si no activásemos la flecha retroactiva, la de la memoria (podríamos decir con de la Sota que "la arquitectura es aire pero eso sí aire cargado precisamente con eso, con arquitectura"). Cuando las técnicas revisitan la arquitectura, activando el tiempo retroactivo, puedan darse dos fenómenos: uno nostálgico, la búsqueda de la inocencia imposible, "entonces si que sabían hacer las cosas"; el horror posmoderno en una sola palabra. Pero cuando las técnicas no buscan la imitación sino que exploran todos los campos sin explorar pero potenciales del pasado y que antes no podían ni soñarse, cuando la energía nueva abre nuevas dimensiones, entonces las flechas del tiempo se invierten y conviviendo en varias direcciones aparece el proyecto, el proyectar, el lanzar hacia delante, la flecha se invierte y aspira cuanto menos a perpetuar la arquitectura. La flecha hacia delante no es ya la perfección teleológica de los positivismos modernos. Es, como queda dicho, energía, o, mejor, entropía, un proceso irreversible según los primeros enunciados de la física, pero con Prygogine un principio puro de la creatividad, tanto humana como biológica o geológica: aquello que unifica ciencias naturales, exactas y sociales, que nos coloca en el universo en un principio cosmogónico único.

La memoria hacia atrás, la técnica como presente, la energía como futuro entrópico —optimización, afinamiento de los intercambios entre naturaleza y artificio, eliminación o disolución progresiva de las diferencias, universalización de los procesos—: de esta constelación de flechas y puntos que constituye el tiempo de la arquitectura y de la técnica no puede faltar el vector más elemental, el primero que observaron los hombres sentados y mirando lo que pasaba "ahí afuera": el tiempo cíclico previo al tiempo histórico; de las cosechas, todo lo que se ve o se veía tras la ventana, el tiempo de la naturaleza, el único reloj de cuya existencia tenemos certeza más allá de nuestras mentes —y del que tanta necesidad sentimos, seguramente por contraste con las aceleraciones que la tecnificación y el consumo han introducido en la vida de los hombres, a la vez producto de ambos procesos—. Hay también, por tanto, un tiempo cíclico que las técnicas pueden activar, otro proceso, ahora de acercamiento entre las técnicas de la biología y de la arquitectura como efecto de una voluntad, de un querer no solo disolverse en energía sino un querer ser liquen, musgo, árbol o leucocito.

Fascinados exclusivamente por la belleza de las formas complejas y los aleatorios procesos formativos potenciados digitalmente caemos en el

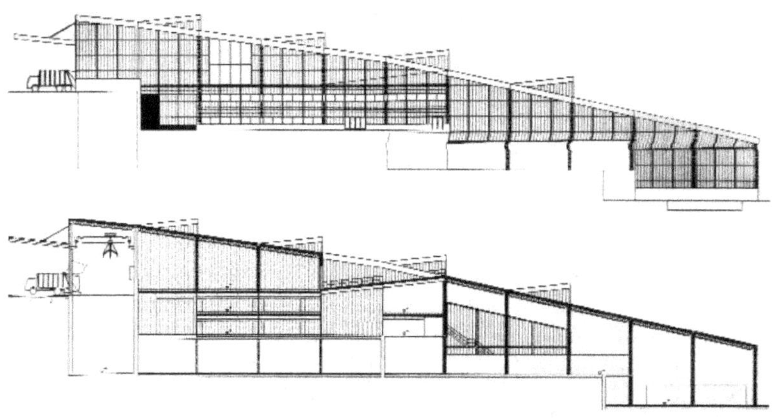

Planta de reciclaje de residuos urbanos de Valdemingómez, Madrid. Estudio Ábalos-Herreros.

inmenso error de los modernos, creer que a la técnica solo le corresponde un único vector, nos hacemos tecnócratas y por tanto gente peligrosa, sin espesor, unidimensionales. Pensar la técnica hoy no puede ser igual a como hicieron los modernos, sino un proceso de proliferación, de exfoliación de tiempos, un instrumento de multiplicación de la experiencia y de revisión de la experiencia.

Quizás todo esto pueda explicarse tímidamente o ejemplificarse con algunos trabajos que venimos realizando. Con Peter Halley decidimos restituir una atmósfera evocadora de la tradicional, densa, propia de las salas de lectura de bibliotecas y cafés, reproponiendo la técnica, buena, bonita, barata y atractivamente inoportuna del papel pintado como estrategia de ocupación espacial. Tanto en el proceso de transformación del texto de Borges en un arabesco como en el de fabricación del producto, el uso de técnicas digitales modificó las limitaciones tradicionales de la producción seriada de papel permitiéndonos usar hasta 64 patterns diferentes e introduciendo variedad y repetición de forma que a la vez estábamos produciendo papel pintado y algo nunca visto, capaz de salir, asomarse al exterior, transformado en vinilo adhesivo. Cuando trabajamos con Albert Oehlen en un pavimento capaz de dar una nueva calidad e identidad al espacio público contemporáneo, pensamos en realizar mosaicos primero en base a la pedrería portuguesa (Río de Janeiro) y después en base a la gama cromática de los adoquines de hormigón (en Barcelona). El propio proceso de elaboración de mosaicos pixelados digitalmente permitió modificar las condiciones de fabricación de los adoquines y lo que se prometía como un proceso artesanal pasó a utilizar los propios programas de dibujo como programas de fabricación, abriendo una gama infinita de posibilidades al tradicional mosaico romano ó portugués. Ambos procesos, el papel pintado y los mosaicos, no se nos escapa, tensan hacia atrás y hacia delante la flecha del tiempo. Pero también permiten introducir una forma diferente de entender la calidad, antes tan solo asociada a la homogeneidad, precisión y valor de los materiales, ahora devuelta a un lugar en el que durante siglos de explayó: el ornamento, de nuevo reactivado.

¿Qué hacemos en el espacio público?. Básicamente estar sentados o de pie, fijos o en movimiento. Pensado así, un banco es algo más que un asiento, es un condensador de la mirada y el movimiento, un objeto que reclama ser construido con más fundamentos que los ergonómicos tradicionales. Así, un banco que no nos dice como sentarnos y hacia dónde mirar, que no prefigura de forma definitiva nuestro comportamiento, que se interpone entre nosotros y el paisaje de forma ambigua, dotado de una cierta autonomía respecto a ambos y por ello capaz de establecer diálogos insospechados, nos parece un estímulo optimista y excitante para poner en relación el propio cuerpo con el mundo. Xurret es un sistema para construir puntos

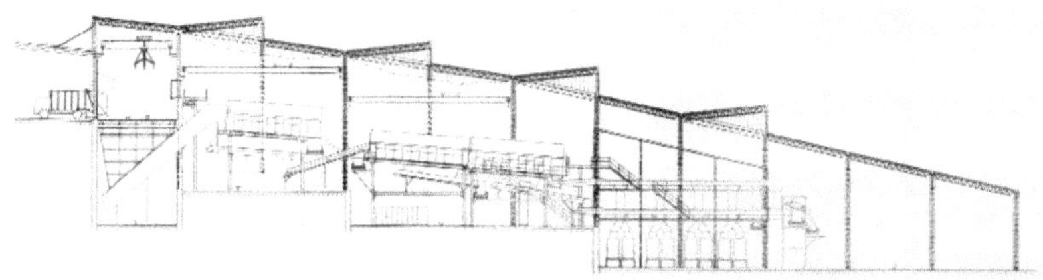

Planta de reciclaje de residuos urbanos de Valdemingómez, Madrid. Estudio Ábalos-Herreros.

de referencia, una combinatoria abierta de cinco piezas y tres colores que busca provocar diferentes formas de apropiación y activar lugares desde su mera presencia.

Nuestro primer diseño industrial, el Xurret, utiliza una geometría orgánica, más obscena o escatológica que cibernética, para propiciar otras formas de uso y apropiación del espacio público. Es un banco público que se plantea ocupar espacialmente lugares sin grandes propiedades o cualidades, tanto como reconsiderar la ergonomía moderna, demasiado estrecha y correcta. Trata de colaborar en la definición de espacios públicos desregulados, más abiertos y provocadores. Para ello juega tanto con el hechizo de las formas complejas como con los nuevos procedimientos de fabricación abiertos por la modelización digital de encofrados y moldes. Punto de encuentro de muchas referencias —plásticas y arquitectónicas— es también un sistema que imita a los del fontanero, cinco piezas distintas que empalman dando configuraciones infinitas. En ellas, la textura fibrosa o venosa juega un papel especial, de atracción táctil, con relieve en vez del tradicional vaciado o bajorrelieve del hormigón, cuya fabricación y modelización ha reclamado también especialistas en diseño parametrizado (Martá Malé), pues debían empalmar todas las piezas y adoptar configuraciones naturales y fluidas, algo nada sencillo. En el diseño inicial, en la fabricación de moldes y prototipos, en la configuración de sus ornamentos, la digitalización ha permitido acceder a lugares, figuras y sistemas nunca antes experimentados, pero sobre todo nos permite introducir temporalidades superpuestas y contrapuestas: una imagen orgánica casi primitiva en algo tan convencional como un banco de hormigón y a la vez una forma de entender el mobiliario ajena a los cánones modernos. Esta multiplicación y proliferación es la técnica que nos interesa porque es la única que no nos atrapa en la fascinación unidimensional hacia lo nuevo, sino que nos permite envolver lo digital y lo natural en una nueva artesanía digital, una nueva red de intereses que construye la arquitectura y el paisaje que hoy queremos y podemos desear.

Bartleby, el arquitecto

La sostenibilidad es el concepto de moda en la arquitectura actual. Una función que implica la suma de nuevos especialistas y técnicos en los equipos de arquitectos y constructores para lograr edificios que contemplen sus implicaciones ambientales, económicas y sociales. Teniendo todo esto en cuenta es necesario que la arquitectura examine qué es lo que realmente le interesa de esta noción, sin que merme en ello el sentido de lo estético.

Cada década, aproximadamente, los arquitectos sufren la invasión de una palabra mágica ante la que muchos sucumben y a todos afecta en sus modos de trabajar. Todavía la cantinela de los edificios "inteligentes" no ha terminado de apagarse cuando la invasión "sostenible" como quintaesencia de la arquitectura ha inundado ya el lenguaje cotidiano y no hay concejal de urbanismo que no demande sistemáticamente una irreprochable sostenibilidad —eso sí, sin afectar a los presupuestos y sin poner en crisis el modelo de ciudad-negocio—. Los arquitectos se ven obligados a hacer encaje de bolillos y contribuyen a inflar de significados espúreos la palabra hasta vaciarla entre unos y otros de todo sentido.

En paralelo a estos abusos semánticos la aprobación del Código Técnico de la Edificación implica una modificación importante de las prácticas constructivas y un esfuerzo técnico por parte de los arquitectos y sus consultores, obligados si desean salirse de la estricta convención a reconsiderar las propias formas de trabajo, forzados a sustituir la "experiencia constructiva" por modelizaciones ambientales parametrizadas que implican la irrupción de físicos, ecólogos e ingenieros en el proceso proyectual, como hace unas décadas aparecieron los calculistas de estructuras e instalaciones.

Este desplazamiento desde lo mecánico a lo energético en el coro de expertos que acompaña a la antigua voz solista del arquitecto muestra con precisión el abandono de una concepción moderna de la arquitectura basada en la seriación modular y en la materialidad industrial por una concepción que algunos expertos como Sanford Kwinter no han dudado en denominar "termodinámica", para describir el abandono del modelo "tectónico" de conocimiento tradicional de la arquitectura (y su enseñanza) por una nueva concepción/enseñanza "biotécnica", capaz de dar al arquitecto instrumentos para pensar sus edificios como organismos vivos, entidades con intercambios energéticos permanentes con su entorno, dotados de un ciclo limitado de vida, una idea que a pesar de su tono un tanto mesiánico suscita cierta unanimidad al menos en los ambientes académicos, no sólo de España (el avance de esta idea en las universidades americanas —las últimas en llegar a la cultura ambiental posiblemente— es ahora mismo arrasador).

El problema surge al comprobar en qué vienen quedando las grandes palabras y sus buenas intenciones cuando la voz de los coristas se transforma en un ruido que empieza a apagar la del solista, azuzados por una industria de la construcción que ha comenzado por fin a ver negocio en la palabra mágica. A pesar de los esfuerzos de distintas instituciones del sector (ETSAM, CSCAE, CENER, etcétera) la sensación que dejan jornadas, congresos y seminarios es que sistemáticamente los ejemplos exhibidos componen un desfile de aparatosas prótesis de **gadgets** tecnológicos, convirtiendo en **drag queens hi-tech** edificios antiguos y malos las más de las veces. La banalización de la sostenibilidad que esta concepción seudotécnica y mercadotécnica implica aburre a los arquitectos y mucho más a los estudiantes, tanto como excita a los grandes **consultings** y a los políticos.

Este panorama ha hecho saltar la alarma roja en distintas instituciones norteamericanas con peso cultural y de prestigio que han decidido tomar cartas en el asunto y promover un debate serio, primero con sus consultores internacionales y luego en forma de seminarios, libros o exposiciones, con el objeto de interrogarse sobre la verdadera naturaleza arquitectónica y cultural de la sostenibilidad.

La idea central es sencilla: sólo si hay una verdadera idea de belleza escondida entre tanta retórica será posible que la sostenibilidad signifique algo y esté aquí para quedarse. La arquitectura debe dejar de doblegarse ante tanto aparato y preguntarse a sí misma qué es lo que le interesa de esta noción, introduciendo en el debate una dimensión estética. De momento una idea ha calado hondo en los primeros debates entre los expertos. La idea de que Bartleby, el personaje creado por Melville, y su famoso "preferiría no hacerlo" es quien mejor expresa la dimensión estética de la sostenibilidad cuestionando la necesidad misma de toda acción (una idea ya expresada hace años por Cedric Price que, aplicada con sentido común, hoy y aquí, nos habría ahorrado la brutal colonización de la costa española de la última década).

Se podrá decir que una idea así implica el suicidio de la arquitectura más que su renovación estética pero hay ejemplos como el del estudio francés Lacaton&Vassal que muestran que no es así. Formados en África —donde ecología y economía significan supervivencia— decidieron que "preferirían no hacerlo" ante el encargo de remodelar la plaza de Léon Aucoc de Burdeos (1996), agradable para sus usuarios y suficientemente urbanizada, dedicando parte del presupuesto a renovar su gravilla, reparar sus bancos, sustituir algún bordillo —¿por qué hay que hacer algo espectacular, qué culpa tienen los ciudadanos?, se preguntaban—. No era gran cosa pero la satisfacción de los vecinos era enorme, como lo es ahora años después, la de los artistas invitados a desarrollar sus propuestas plásticas en el Palais de Tokyo (2001), también remodelado por ellos, dejándolo prácticamente desnudo, disponible para la acción en vez de terminado y maquillado para ser contemplado y disputar el protagonismo al artista (invito a quien viaje a París a cruzar el Sena y visitar el mismo día el Palais de Tokyo y el Museo de Quai Branly donde la firma de Jean Nouvel ha logrado que haya colas para ver —o intentar ver— una colección interesante pero donde todas las decisiones, formalistas y banales, y su derroche ponen en evidencia una incomprensión o indiferencia obscena de las culturas que exhibe).

No por casualidad el rechazo hacia la manipulación tecnológica de la sostenibilidad implica un intento de volver a empezar desde el principio, de devolver una cierta naturalidad o normalidad al papel de la arquitectura y del diseño en la ciudad y la vida cotidiana. "Supernormal" es la palabra con la que el diseñador Jasper Morrison, junto con Naoto Fukasawa, promueve en el universo del diseño —seguramente todavía más afectado por la necesidad de originalidad, por la demanda de espectacularidad, que el de la arquitectura—, un entorno de objetos bien diseñados, a menudo anónimos y reconocibles, que muestran con intención educativa un ambiente vagamente familiar (la exposición **Supernormal** se inauguró el 9 de junio de 2006 en Tokyo y viajará esta primavera a Europa, comenzando su itinerancia en la Trienal de Milán). Aún está por construir un mapa creíble de la sostenibilidad pero no hay duda de que otras dimensiones ya ensayadas han agotado su credibilidad. Es tiempo para Bartleby como arquitecto, y todo el aparato académico-cultural se ha puesto a ello.

Queridos amigos

Solano Benitez
ARQUITECTO; PREMIO NACIONAL DE ARQUITECTURA, PARAGUAY, 1999.

"Una carta de Solano a los amigos"

Queridos amigos... Esta es una gran excusa... uso el pensar que les estoy hablando para hacer memoria y contarles la buena nueva del edificio que estamos haciendo, ayer nos aprobaron los presupuestos, y la firma del contrato se hace el sábado... ¡por fin un presupuesto que se aproxima al millón de los gringos!

La experiencia ha sido larga... más de año y medio de conversaciones para llegar a un desenlace de historias como las que me gustan... ¡Sueños abiertos!

Una pareja de industriales... María y Arnulfo, con un primer excedente acumulado por años de esfuerzo, sacrificio y renuncia... jóvenes ambos (de nuestra misma edad) se llegaron al gabinete para hacer un edificio familiar, cosa que a cada hijo le quede un departamento como legado patrimonial.

Ellos fabrican alambres, nuestros entusiasmantes recorridos iniciales por fábrica, nos revelan... ingenio... tecnología propia... compromiso con la mano de obra... Materia prima... Productos... y excedentes (residuos de producción... listos para la chatarrería)

Casi 2 años después... Nuestros héroes, sintetizaron contándonos ayer... nuestra historia... de la siguiente manera...

Paraguay es un país difícil por las enormes inestabilidades; dedicarnos a producir alambres de excelencia (con competitividad y calidades certificadas) y comprometer la totalidad de nuestro esfuerzo y cuidado a un único producto (teniendo de vecinos a Argentina y Brasil y sus capacidades instaladas), hace, que el día que el primer empresario de allende nuestras fronteras, decida contrabandear productos del ramo, nuestra afición a la corrupción y nuestra indefensión, desarma la capacidad instalada en Paraguay, porque aniquila nuestro mercado de consumidores...

En defensa... necesitamos cerrar nuestros círculos... y, por ende... diversificar...

Ya no sólo alambres... Prefabricar... inicialmente postes y estructuras de cemento con nuestros retazos excedentes de acero, por ende... instalación de una concretera (cementera) de pequeño tamaño... Y ahora mesas vibradoras y centrifugadoras y subproductos, y la posibilidad de producir una pequeña planta de conformado en frío de acero, desde acero recuperado... y mallas electro soldadas y... y con esas capacidades en funcionamiento, división construcciones, estructuras de concreto armado... Precios absolutamente inferiores a los que el mercado local libera como terminados, y más subproductos... ¡Y hasta emprendimientos inmobiliarios propios! Todo posible cambio... ¡que nos encuentre con las botas puestas...!

¡Imposible no pensar en Güell y en tantos buenos y grandes emprendedores!... y comenzar la carrera sobre el camino de Lelé y los Scofet y José María Sáez... Y el gabinete como el gato Félix resopla sus cenizas... Acompañando esta potencia augural, implementada durante este bienio de preparación.

¡Las miradas iluminadas!... Difícil respirar, es sólo sumatoria de suspiros ante un horizonte insospechado... ¡La posibilidad de un futuro en Paraguay!

Con los 12 años de don Thomas "el viejo" Parr, brindamos y nos hicimos cita para el sábado, y apretones de mano resultantes no de la cordialidad sino de la purísima emoción.

El gabinete ahora cuenta la parte que le toca...

Un edificio en el centro de San Lorenzo, una ciudad conurbada por Asunción...

Alejandro piensa en ecuaciones y Angelo siempre dice que la mejor obra es la que menos estructura requiere, y con esas intenciones... (y con ingenio primero, y con vaaaaaarios ingenieros después), comenzamos a pensar el edificio...

El edificio es una masa esbelta de 8,5m de frente por 39m de fondo y 39m de alto, la planta baja totalmente libre y sobre pilotes; y subsuelo y medio bajo tierra.

Iniciamos equilibrando las hipótesis, pretendiendo que la menor cantidad de pilares y con las menores solicitaciones porten el volumen, es decir

Detalle de *brisse-soleils*.

Proyecto de un edificio
en San Lorenzo, una ciudad
conurbana a Asunción del Paraguay.
Obra del autor.

pensar pilares que trabajen sólo a compresión, por ende instalados en la mitad de los 8,5m y con tensores en los extremos que aseguren el descenso vertical de las cargas... Pero en realidad... la mitad de las losas del edificio (las losas pares, ocupan sólo 5m y descansan sobre uno de los lados) por lo que el centro ya no geométrico del edificio, sino el del equilibrio de los pesos, se desplaza de la línea de 4,25m hacia el lado del lindero donde se apilan mas losas.

Los tensores solucionan las cargas móviles, es decir el edificio podría estar a merced de hipótesis catastróficas de vientos, o desplazamientos desfavorables de las sobrecargas estudiadas... La peor... ráfagas de viento de 160km por hora y con un diámetro de 40m que impacten al volumen por cualquiera de sus lados mas extensos... ni el Katrina certificaba una fuerza de estas magnitudes de presión y ningún antecedente en Paraguay, pero los cambios... Se vienen... y Paraguay entero recalienta al resto del planeta.

Decidimos contraponer a una de estas posibilidades, el recurso que el rafa nos había enseñado, enfrentar a una de las direcciones del viento, con invalidez por peso, es decir volver a desplazar la línea de centro de los pilares, hasta que la carga del voladizo haga innecesario los tensores en uno de los sentidos, y sobre efectúen trabajos los tensores opuestos.

El edificio transfiere sus cargas de compresión sobre una línea central que se desplaza desde los 4,25m hasta un otro eje a los 3,60m, y las fuerzas de tracción necesarias (reforzadas en relación a las eliminadas), para que en la peor de las hipótesis, el edificio sufra, a los 39m de altura un desplazamiento horizontal de 0,037m. Esta pérdida de erección del edificio (en ese momento de condición de catástrofe), sería de un valor del 0,0009% que a todas luces descarta toda hipótesis de impotencia.

Nuestro volumen en realidad son 5 cajas independientes y sobrepuestas, aspirando a ser un edificio inteligente, no por la carga de refinamiento tecnológico, sino por dejar entre caja y caja, espacios de uso técnico de 1,60m de alto que aprovisionen un futuro, al tiempo que cualquier variación en el estado de las estructuras no sean deformaciones que se acumulen, sino que permitan en simultáneo la salud de cada porción de la construcción.

Siempre nos interrogan sobre las particulares condiciones antisísmicas del Paraguay, pero en realidad, si tuviésemos el recaudo de no usar las losas de subsuelos y planta baja como diafragmas que corten la oscilación del edificio, la longitud de mas de 8 m de largo de los pilares, harían desaparecer el temido cortante superficial, y todo el edificio podría enfrentar las posibilidades de un terremoto.

Las cajas como se imaginarán, cierran con brisse-soleils, que acondicionan los rigores paraguayos, disminuyendo cualquier exabrupto de la intemperie —al decir del Rafa, nos estamos recontracopiando—.

Volviendo a la estructura, observando ahora la planta del edificio, hemos distribuido el peso total en 3 pilares, y sus correspondientes 3 tensores perimetrales.

Como el edificio posee también voladizos en el sentido de los 39m de fondo, el pilar central soporta una carga en torno a las 800tn y en cada uno de los pilares extremos se transfieren 1800tn; y son sus voladizos quienes alivianan la carga al pilar central.

Los pilares de los extremos están calculados en un diámetro de 1,50m y elaborados con hormigón de 350fck hasta el primer volumen, y luego en todo el resto de la estructura la especificación se rebaja a 210fck —en los bloques, estos pilares se transforman en pantallas, disminuyendo su espesor a 0,50m, salvo el del medio que mantiene su circunferencia muy menor—.

Jugando... en el diámetro de los pilares mayores (1,50m)... podría mas o menos inscribirse el corte de un automóvil, y... como cada vehículo pesa mas o menos una tonelada, podríamos pensar que en ese mismo sitio caen de punta, en equivalencia, una línea de 1.800 autos, es decir, apilamos un embotellamiento, en línea, de 9km en los pilares de los extremos, y 4km en el central... un gran total de 22km de embotellamiento queriendo llegar con impaciencia al suelo... tal vez así podamos competir en algo con Sampa, Santiago, Quito o Rosario, desde sanlorenzhattan.

Ahora bien, el peso total de la estructura es de 4.400tn. Si eliminásemos las sobrecargas por tensión —porque al jalar agregamos carga a los pilares— eliminaríamos 400tn, los voladizos en los otros sentidos sobrecargan en otras 400 tn al peso total, es decir si redujésemos estos pesos y distribuyésemos de manera convencional las cargas —repartiéndolas mas abundantemente al suelo—, nuestro edificio puesto a rigurosa dieta —certificada por el gurú de cabecera de Eric Estrada y Alicia Machado—, adelgazaría unos no despreciables 800.000kg —equivalentes a un batallón formado y equipado, de unas 8.000 suegras, a reducirse en el barrio—; que en totales serían de una reducción aproximada en torno al 20% del peso del edificio, no del número suegras, ni de las oportunidades que ellas generan.

En Paraguay, en la generalidad de las construcciones típicas, los rubros de estructura en los presupuestos, ocupan en el orden del 35%, es decir que nuestra estructura carga un 20% más de costo en el 35% de la obra.

Referenciando... una vivienda unifamiliar tipo, de 360m², su precio valor mercado está en 308 us$ × m²; nuestro edificio pretende... siendo cotizado por los mismos valores mercado —sin intervención del soporte industrial a incorporar en la construcción—, el costo de 332 us$ × m² inicial, incluyendo algunas maravillas que ahora les comento...

La municipalidad de San Lorenzo, nos aprobó los planos de los primeros 2 bloques y subsuelos, no porque exista una norma de densidades ni mucho menos, sino porque la ciudad tiene sus desagües cloacales absolutamente saturados, y eso evita que se aprueben densidades mayores y se requieran rigurosos estudios de impacto ambiental, si se desea contravenir una norma no escrita.... pero de muy sentido común.

Aproximadamente unos 500.000 habitantes de Asunción, consumen agua extraída y purificada del Río Paraguay, y mas de un millón de personas consumen aguas del acuífero Patiño, un acuífero superficial de no mas de 40m de profundidad, que por supuesto se encuentra ya saturado de coliformes fecales, porque al carecer de sistemas de desagües cloacales cada casa dispone sus residuos por pozos absorbentes que se integran al Patiño.

Nuestro edificio prevé una planta de tratamiento de desagües para devolver agua de calidad certificada a la napa freática, con un nivel de pureza del 96%, que incluyen hasta fototratamiento con luz ultravioleta; resuelto esto, la secretaría del ambiente, nos debe certificar la no objeción y la factibilidad del emprendimiento total, y esta planta... y los aires acondicionados ... y elevadores,... Y sistemas de seguridad y vigilancia... y sobrepeso de stock de alambres... Están incluidos en el presupuesto inicial.

Pensaba escribir mas cosas, pero ya será mañana, saben todo lo que les admiro y quiero.

El problema de la técnica
y la obra de Richter-Dahl Rocha*

Jorge Francisco Liernur
ARQUITECTO E INVESTIGADOR. DIRECTOR DEL CENTRO DE ESTUDIOS DE ARQUITECTURA
CONTEMPORÁNEA DE LA UNIVERSIDAD TORCUATO DI TELLA.

La única legitimidad posible para la obra de arte moderna proviene de su propio interior, de su capacidad de autofundarse. Esa necesidad de autofundación es absoluta, esto es: a ella deben someterse la totalidad de los componentes de la obra. En este sentido la Arquitectura presenta problemas de mayor complejidad que otras manifestaciones artísticas por cuanto la necesidad de autofundación alcanza también a componentes dificílmente subordinables como la función a la que el edificio está destinado, la resistencia o la constitución misma de los materiales.

Para Adorno en la obra de arte moderna se produce una lucha entre la naturaleza, a cuyas propias determinaciones está sometida la estructura de los materiales que componen la obra, y el mandato modernista de una omnipotencia de la Forma autofundada. Así, el filosofo alemán sostiene con justeza que inevitablemente:

> "In the impulse of every particular element of artwork toward integration, the disintegrative impulse of nature secretly manifests itself. The

---

* Este texto constituye el cuarto apartado de un trabajo mas amplio sobe la obra de Richter-Dahl Rocha, titulado "On tact. Some thoughts on the architecture of Richter-Dahl Rocha", publicado en el libro dedicado a la obra de ese estudio.

more integrated artworks are, the more what constitutes them disintegrates in them. To this extent their success is their decomposition and that lends them their fathomlessness".[1]

Pero esta ley de hierro de la necesidad de omnipotencia de la Forma por sobre los materiales en las condiciones de la modernidad provoca ante todo una profunda desorientación en la medida en que la modernidad no provee de ningún fundamento ni de ninguna indicación acerca de la dirección que debería asumir la organización de la Forma.

De este modo, y en el caso particular de la Arquitectura, lo habitual es recurrir a alternativas consolatorias: la presunta "objetividad" del funcionalismo, la irresponsabilidad combinatoria postmodernista, la intemporal determinación tipológica, el geometrismo, han sido algunas de ellas.

Pero la más perdurable de las formas de consuelo es la de la técnica. La organización de la forma a partir de lógicas tecnológicas, sean estas originadas en procedimientos, en la mímesis del universo formal maquínico, o en el empleo inquietante de los materiales provee además de dos tranquilizantes adicionales: el del alineamiento en la línea del progreso y el de una presunta aproximación a la "verdad". Como observa Adorno:

"The technologization of art is no less provoked by the subject —by the disillusioned consciousness and the mistrust of magic as a veil— than by the object: by the problem of how artworks may be bindingly organized. The possibility of the latter became problematic with the collapse of traditional procedures, however much their influence has extended into the current epoch. Only technology provided a solution; it promised to organize art completely in terms of that means-end relation that Kant had in general equated with the aesthetic".[2]

La asociación entre "progreso" técnico y condición humana ha sido profunda y abundantemente desarrollada (y puesta en cuestión) en el campo de la filosofía como para intentar abordarla en esta sede. En relación con la obra que nos ocupa puede en cambio resultar productivo prestar mayor atención a la cuestión de la relación entre técnica y "verdad". Las tendencias contemporáneas que se basan en postular esta relación tienen su fundamento en las discusiones de los años cincuenta y sesenta acerca del "brutalismo" y su fuerte articulación con la demanda existencialista de "autenticidad". Por cierto que en el transfondo de estas posiciones se recortan las figuras fantasmáticas del ruskinianismo y el organicismo decimonónicos y con ellos la

---

1. ADORNO, Theodor. "Aesthetic theory". Minneapolis, 1996. (1ª ed. Frankfurt 1970).
2. Ibidem.

latencia de una mimética relación entre la arquitectura y la naturaleza. Por encima de los artificios —académicos en el siglo XIX, "estéticistas" o ideológicos en las décadas que siguieron—, la misión de los arquitectos sería la de hacer aparecer la verdad (natural) hundida en la profundidad de la constitución material de las obras.

Como resulta evidente, la destrucción modernista de todo anclaje para la "verdad" por fuera del universo de representaciones humanas se da de narices con la creencia en su presentación no mediada gracias a una develante articulación de los materiales respondiendo a una presuntamente pura lógica técnica.

La Arquitectura entendida en los términos de tradición institucional que planteamos mas arriba supone por el contrario una clara conciencia de la base convencional de la "verdad". Y la condición moderna, con su demanda de subordinación de los materiales/naturaleza a la omnipotencia de la Forma autofundada no hace sino reforzar esa condición artificial, no esencial, válida en solo el mundo de las representaciones, de la "verdad".

En uno de sus trabajos más consistentes,[3] Gianni Vattimo ha desarrollado esta idea de verdad construida en el contexto de un cierto orden de las representaciones, con el trabajo de Nietzsche acerca de la "máscara". Vattimo nos muestra que para Nietzsche:

> "en la segunda Inactual, además del disfraz del hombre decadente que no sabe tomar la iniciativa y se enmascara asumiendo roles estereotipados, 'máscaras con una sola expresión', nos encontramos también frente a un enmascaramiento que no solo no está conectado con la decadencia sino que, por el contrario, parece el único modo de evitarla: la definición y delimitación de un horizonte de la acción histórica, que exige asumir algún elemento de la existencia histórica como 'valor'".[4]

Siguiendo la lúcida mirada nietzscheana, el enmascaramiento que no es disfraz, la idea de una mediación (las representaciones), se presenta como un inevitable modo de construcción humana del mundo. Precisamente por eso, Vattimo nos recuerda que:

> "en la segunda Inactual, la superación de la decadencia de la civilización historicista debería operarse en virtud de 'fuerzas eternizantes' como el arte y la religión, que no son en absoluto medios de enmascaramiento de la realidad verdadera, sino también ellas 'máscaras', ilusiones, ficciones. Junto a ello, además, está el hecho de

---

3. VATTIMO, Gianni. "Il sogetto e la maschera". Milano, 1974.
4. Ibidem.

que también la civilización tomada como modelo, la 'clásica', no se contrapone a la decadencia como mondo de la verdad sino que es, de manera eminente mundo de la ficción y la máscara. Todo esto, aunque plantea algunas dificultades, impide que se pueda reducir simplemente el discurso de Nietzsche a la distinción entre una civilización en la que solo hay libre devenir, y por lo tanto sin ficción, y otra en la que, por la pérdida de fuerza creativa, el hombre se disfraza. También la primera de estas civilizaciones es una creación de máscaras, de ilusiones y ficciones. Ellas son tales no obstante se contrapongan al disfraz, justamente porque a diferencia del disfraz no quieren ser confundidas con la realidad, e incluso develan a la propia 'realidad' en su calidad de apariencia, de máscara que no quiere ser vista como tal."[5]

De aquí que cualquier intento de "develamiento" de la presunta verdad a través de la brutalista mostración de las entrañas técnicas de los edificios no solamente resulta un exhibicionismo inútil sino, a casi un siglo y medio de la iluminación nietzscheana, patética.

En la obra que estamos analizando le Técnica ocupa en cambio el mismo lugar subordinado que ocupaba en la práctica tradicional de la Arquitectura, descartando incluso la ilusión de la Tectónica. Como nos recuerda Marco De Michelis: "the term 'tectonics' was coined at the beginning of the XXth century as an instrument for reconstituting the lost unity of the architectonic organism by the combination and juxtaposition of building elements".[6] En los trabajos de RDR, en cambio, la unidad no responde a la lógica de esa yuxtaposición. Más aún, con frecuencia la niega.

En Les Utins sur Leman, por ejemplo, el criterio "tectónico" varía en relación con los propósitos, de emplazamiento o de carácter, que rigen las fachadas principales de su alargado volumen. Así, en el frente que se dirige hacia el lago y hacia el prado sobre el que se asoma la construcción, las losas se estiran de lado a lado, manifestando visualmente un mínimo de apoyos, con el evidente propósito de marcar la presencia de las terrazas y acentuar el contraste con las arboledas vecinas. En la fachada posterior, en cambio, el edificio parece estar sostenido por el muro de ladrillos, pero este es perforado de manera irregular, a lo que se agrega la continuidad del plano claro de la cubierta sobre los laterales, todo lo cual vela lo que a primera vista parecía una clara manifestación del juego estructural.

En La Prairie el basamento del edificio está construido en piedra a la manera de los taludes de las viñas que caracterizan a la región. Para reforzar

---

5. Ibidem.
6. DE MICHELIS, Marco. "Morphing metamorph", en Log, 4, Winter, 2005.

Exteriores de la Clinique La Prairie, obra de los arquitectos Richter y Dahl Rocha, cercano a la costa del lago Leman, en Suiza.

esa alusión en la lectura de estos muros, estos presentan pequeñas perforaciones, y para mostrar acentuar su condición de supuestos taludes, sobre ellos se destaca la transparente estructura de lo que parece un ligero pabellón. Sin embargo, en lugar de dar a esta condición de peso y masividad de los taludes una lectura unilineal, en el nivel inferior el edificio se abre en el extendido frente vidriado de una confitería que forma parte de una última franja de material —claro y abstracto— que hace evidente la artificiosidad tectónica de las bandas de "piedra". Es mas, la condición presuntamente "rústica" de esa misma "piedra" de revela "máscara" mediante el procedimiento de presentar como pulidos los laterales que quedan visibles al actuar como jambas de las aberturas.

Del mismo modo, en el centro de tecnologías de productos de Singen las fachadas del edificio no solamente denuncian que en el se alberga una estructura sistémica de baja o nula pretensión significante, teóricamente extensible hasta el infinito. De manera que sus fachadas se presentan como tapas nítidamente diferenciadas. Verdadera "máscara", el ladrillo empleado en la fachada mas larga está aquí aplicado, suspendido sobre las ventanas corridas, y se denuncia claramente como "pegado" a alguna estructura interior, al presentarse sostenido por marcos metálicos. Los laterales en cambio son tapas, teóricamente transitorias por lo dicho antes, que se presentan como tales. Tampoco aquí se trata de mostrar una pirueta técnica o de atenerse a una pretendida legalidad tectónica: estas tapas son simplemente carteles que indican de manera literal el destino del edificio.

El edificio de reuniones y restaurante de IMD es, como dijimos, una construcción elegante y claramente representativa: no caben dudas de que se espera que funcione como un centro de reunión del predio. La condición mas importante que define este rol es el hecho de que parece un volumen exento, instalado en el medio de un espacio abierto, condición que puede leerse porque se pueden recorrer fácilmente sus tres fachadas , percibiendo la continuidad de una a la otra. Pero también es importante aquí el juego de los apoyos, por cuanto la elegancia que lo caracteriza se debe a la esbeltez de las piezas de carpintería entre las que se insertan los cristales de cerramiento, y esta esbeltez se acentúa por el exagerado voladizo del techo. La realidad tectónica de esta pieza es que está sostenida por columnas exentas interiores. Pero esta lógica tectónica no se muestra en el exterior, y al mismo tiempo el edificio no es silente al respecto: nos "dice" en cambio que ese plano horizontal que lo cierra esta sostenido por esas esbeltas piezas verticales perimetrales, precisamente a la manera del delicado posarse sobre el piso de las garzas y las gacelas.

El edificio para reparaciones de trenes en Ginebra es también un buen ejemplo del doble juego con que RDR se involucra con los temas técnicos. Por un lado estos no están negados, como ocurre con buena parte de la

Interiores de la Clinique La Prairie, obra de los arquitectos Richter y Dahl Rocha, cercano a la costa del lago Leman, en Suiza.

arquitectura contemporánea, mediante un geometrismo presuntamente dominante o a la manera de las "cajas blancas" de los primeros modernistas, o
por subordinación distorsionante a decisiones formalistas, pero tampoco,
como veíamos mas arriba, se pretende que sea a la técnica a la que se some-
tan los restantes aspectos de las obras.

Es evidente que la distribución de los "pesos" en esta construcción
industrial no responde a la lógica de los apoyos. Por el contrario la cubierta
de aluminio se presenta flotante, ligera, mientras que el paño de madera

oscura lo hace como un elemento de peso que a la vez no parece estar apoyado puesto que a lo largo de toda su extensión por la ventana corrida que abre las visuales al exterior para los trabajadores que se mueven en el interior. Nada de la estructura ingenieril del edificio se hace elocuente en su arquitectura. Las partes que componen esta envolvente cubren el espacio interior sin pretender que ese espacio se exprese en su unidad en el exterior. Por el contrario, como vimos, hacia afuera se nos presenta una tripartición que no existe en el interior. Los materiales funcionan por contraste, de manera que a la pulida, clara y brillante superficie metálica de la cubierta se opone la rugosa, oscura y opaca superficie de madera. Esta última es obviamente el elemento protagónico de la imagen del edificio: no declara su contenido de manera directa sino a través de un procedimiento metafórico. Como las muecas trágicas o risueñas que cubren el rostro de los caracteres en la escena, la rusticidad de los bloques de madera nos hablan aludiendo, "representando" el interior, en este caso la condición dura, mecánica y en cierto modo primaria, del trabajo manual industrial.

El primero entre los carpinteros[1]
Notas sobre las relaciones entre técnica y arte desde la mirada del arquitecto

Graciela Silvestri
ARQUITECTA, DOCTORA EN HISTORIA, INVESTIGADORA. AUTORA DE DIVERSOS LIBROS Y DE ARTICULOS EN REVISTAS ACADÉMICAS Y CULTURALES.

La arquitectura, que en estos años se lee como representante de la modernización global, guarda sin embargo un corazón arcaico. Para Hegel, era "el arte más incompleto (...) porque es incapaz de manifestar en adecuada presencia lo espiritual en la materia pesada que ella toma como elemento sensible y trata según las leyes de gravedad ... se deberá confinarla en su actividad de preparar, partiendo del espíritu, un ambiente externo artístico para su existencia real, viviente".[2] La condena de la "materia pesada" puede haber cambiado en sentido literal, pero no su articulación con la escena de la vida cotidiana, el "ambiente externo" al que la arquitectura estaba llamada a transformar en sentido "artístico". Tal relación con el mundo situó siempre a la disciplina en íntima vinculación con la técnica (que incluyen sus procedimientos específicos para transformar el ambiente). Pero como técnica, la arquitectura no parece haber avanzado en sentido moderno: se resiste a ser subsumida en la mecánica industrial. Por otro lado, la "artistización del ambiente" la coloca, en la tradición idealista, en el campo del Arte. Pero como arte, su propósito instrumental le resta gran parte de la autonomía que ganaron las artes visuales, con las que alguna vez compartió el titulo de **bellas**.

---

1. Este texto forma parte de uno mas completo que la autora acepta recortar, por las exigencias de esta publicación.
2. HEGEL, G.W.F. "Estética". Siglo XX ed., Buenos Aires, 1983.

Esta tensión de la arquitectura entre su ser arte y su ser técnica intentó resolverse de muchas maneras, algunas obvias (como la de negar su status artístico, o la de considerar sólo ciertos programas simbólicos como **verdadera** arquitectura), otras más sofisticadas, como la adorniana división entre Arquitectura (crítica, experimental y nunca construida) y arquitectura (profesional) que planteó Gandelsonas en los años setenta.[3] Porque aunque el "material pesado" de la época de Hegel fue varias veces desafiado por los arquitectos para acercarse al cielo reservado para el Arte (el uso del vidrio fue metáfora de claridad mística, las fuerzas de tracción de libertad), la arquitectura continúa siendo pesada, inmóvil, dura y, sobre todo, impura.

En mi opinión, en esta impureza que los teóricos querrían eludir radica su fuerza, su originalidad como actividad humana, su manera particular de articular pasado y presente, mundo humano y naturaleza. También de ésta, su enorme potencia transformadora, se derivan múltiples peligros.

La relación íntima entre técnica y arte que define la arquitectura, provocando en gran medida su "impureza", proviene del mundo clásico, cuando **técnica** y **arte** eran equivalentes. Para muchos, esta unidad es ilusoria; para otros, este núcleo que recoge el pasado y lo vuelve hacia el futuro es el que la hace la más interesante de las viejas **bellas artes**. Me propongo revisar algunos aspectos de esta complicada alianza entre técnica y arte en nuestra disciplina, las críticas que ha merecido y las consecuencias de su permanencia o de su cambio. Estas cuestiones no sólo tienen que ver con discusiones internas del debate arquitectónico: iluminan el significado de lo que sea, hoy, **técnica** y **arte**. El primer punto que abordaré pone en foco las relaciones entre técnica, arte y ética; el segundo, entre técnica, arte y proyecto; el tercero, entre técnica, arte y ciudad. La separación está sólo planteada con afán analítico, ya que las tres cuestiones se encuentran íntimamente vinculadas.

1. El ámbito de la verdad

Aún es válida la definición de arquitectura que hizo Aristóteles en la **Ética a Nicómaco**: "Puesto que la arquitectura es un arte, y es además esencialmente hábito productivo acompañado de razón, y no hay arte que no sea hábito productivo acompañado de razón, ni hábito alguno de esta especie que no sea arte, **resulta que son lo mismo el arte y el hábito productivo acompañado de razón verdadera**. Todo arte tiene por objeto **traer algo a la existencia**, es decir que procura por medios técnicos y consideraciones teóricas que venga a ser alguna de las cosas que admiten tanto ser como no ser, y cuyo

---

3. GANDELSONAS, Mario, "Arquitectura/arquitectura", colección summarios Nº 13, Buenos Aires, 1977.

principio está en lo que produce y no en lo producido. No hay arte de las cosas que son o vienen a ser por necesidad, ni de las que son o llegan a ser por naturaleza, puesto que todas ellas tienen en si su principio."[4]

Aristóteles señala tres cuestiones de interés. Ha sido suficientemente analizado cómo la frase "procurar por medios técnicos y consideraciones teóricas" se encuentra en la base de la definición albertiana de Arquitecto, y así del doble propósito práctico e intelectual de la arquitectura.[5] Indicaremos dos más: el hecho de que la arquitectura, al no ser un producto natural, halla **su principio en el hombre que produce**, y el particular enfoque de las artes o técnicas, de las que la arquitectura es tomada como paradigma.

¿Por qué Aristóteles habla de técnica en un escrito sobre Ética? La pregunta misma indica las diferencias abismales entre la interpretación clásica y la moderna de los conceptos traducidos. La categoría central de toda ética, la **virtud**, no refiere en el mundo griego sólo a perfección moral, sino a toda excelencia que contribuya a un mejoramiento de la vida humana. A tal perfección (cuyo ideal se estima en la mezcla indivisible entre lo bueno —útil y moral— y lo bello; en griego expresado en una sola palabra, **kaloskagatos**) contribuyen diversas actividades humanas, diversas "disposiciones superiores del alma", entre ellas las técnicas/artes (**technai**).

El objeto de lo que entonces se consideraba técnica era el producir (póiesis), cuya definición clásica es: hacer pasar algo del no ser a la existencia. "Así, pues —dice Cacciari analizando estos problemas— tanto la techné como las disposiciones superiores del alma están comprendidas en la **aletheia: dicen la verdad**, dicho de otra manera, hacen aparecer, descubren".[6] El hacer técnico, acompañado de razón verdadera, resulta una de las virtudes a través de las cuales el alma alcanza la **verdad**.

Esta perspectiva nos resulta extraña porque solemos identificar la técnica como un hacer meramente instrumental, un procedimiento neutro.¿Qué relación puede tener en este mundo la técnica con consideraciones éticas?¿Qué significa esa virtud relacionada con la razón y la belleza?¿Y qué sería, hoy, verdad?

Desde que Heidegger lo planteara en "La pregunta por la técnica",[7] los filósofos vuelven una y otra vez a esta diferencia entre la manera griega

---

4. ARISTÓTELES. "Ética Nicomaquea". Editorial Porrúa, México, 1992. El subrayado es nuestro.

5. ALBERTI, Leon Battista. "De Re Aedificatoria", Akal, Madrid, 1991. "Arquitecto será aquel que con un método admirable y un procedimiento determinado haya estudiado el modo de proyectar en teoría y también de llevar a cabo en la práctica cualquier obra que, a partir del desplazamiento de los pesos y la unión y el ensamblaje de los cuerpos, se adecue, de una forma hermosísima, a las necesidades más propias de los seres humanos".

6. CACCIARI, Massimo. "El hacer del canto", en El dios que baila, Paidós, Buenos Aires, 2000.

7. HEIDEGGER, Martin. "La pregunta por la técnica". Traducción de O. Terán de "Die Frage nach der Technik", Vorträge und Aufsätze, Gunther Neske Pfullingen, 1954, p. 13-44.

de enfocar la cuestión y la versión actual. Una de las razones de esta obsesión genealógica radica en que ella permite iluminar por contraste la manera en que entendemos hoy el concepto de técnica —inmersos en el presente, nos parece la nuestra la única interpretación posible. Pero además, ciertos aspectos de la versión clásica permanecieron más allá de los umbrales de la edad moderna, en la medida en que la tratadística que funda nuestra disciplina reedita una y otra vez interpretaciones antiguas: y hasta avanzado el siglo XIX la arquitectura estaba estructurada por su propia tradición. Los ecos de la interpretación clásica se encuentran en las premisas ilustradas, cuando las innovaciones de las artes prácticas representaban todavía **un medio para un fin** —fin que consistía en el progreso ligado con el bienestar general.

Diversos procesos acumulativos que se reforzaron mutuamente (formación del capital, movilización de recursos, desarrollo y organización eficiente de las fuerzas las productivas, poderes políticos centralizados y burocratizados) desgajaron la técnica de sus objetivos humanistas para convertirla en un patrón neutro de evolución, como si de historia natural se tratara. No hablamos más de técnicas específicas, sino de **tecnología**, "discurso sobre las técnicas", articulación de procedimientos no autónomos dispuestos en función de una economía territorial.[8] El "fin" de la tecnología actual no el mejoramiento humano, sino la alimentación del proceso productivo alimentando las mayores ganancias corporativas. En este sentido, la tecnología no posee **un fin**: nunca termina.

En paralelo con las ilusiones ilustradas, la primera etapa de la industrialización —la que los arquitectos aún colocamos como inicio de las transformaciones urbanas y consecuentemente arquitectónicas— respondía a cuestiones concretas con objetos tangibles (el molino de viento, la locomotora, el ascensor, las cloacas). Pero ya a mediados del XIX no eran pocos los que advertían, como Carlyle o Engels, que no sólo escasos beneficios sociales se habían logrado con la revolución industrial, sino que los objetos reales eran inadvertidamente reemplazados por una maquinaria burocrática y financiera cada vez más compleja, creando las bases de la modernización del siglo XX. La complejidad de las redes de infraestructura, su dificultad de interpretación a partir de la experiencia cotidiana, llevó a considerar la tecnología como una especie de mandato divino, imposible de alterar —idea que todavía se mantiene.

---

8. Según Leo Marx, la palabra tecnología se utiliza por primera vez en inglés en 1615; en el siglo XVIII, el se encuentra difundido en tratados específicos alemanes. Sin embargo, Karl Marx no utilizó la palabra tecnología. Veblen es quien en el '900 habla de" tecnología de la máquina como distintivo de la modernidad", introduciendo un articulación contemporánea. El término se extiende después de la primera guerra mundial. (Estas precisiones se exponen en MARX, Leo y ROE SMITH, Merritt. "Historia y determinismo tecnológico", Alianza Editorial, Madrid, 1996).

Terminal Marítima Internacional de Yokohama, Foreign Office of Architecture, Alejandro Zaera Polo y Farshid Moussavi, 2002.

"La 'nueva geometría' ha seducido las tendencias de los últimos treinta años, aunque esta seducción se mueve en un plano casi exclusivamente estético."

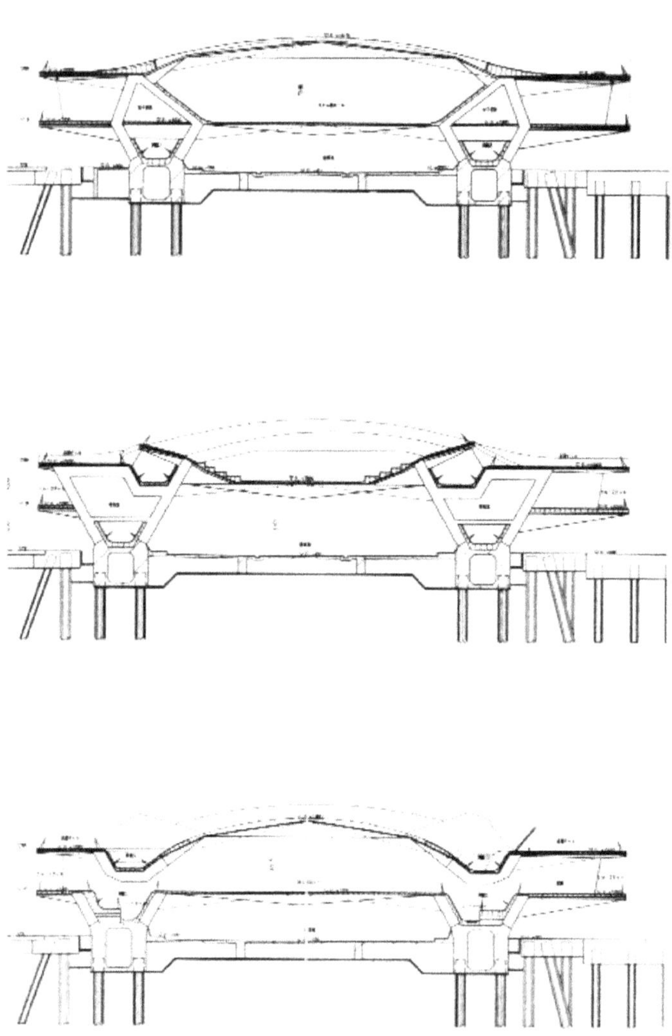

"La 'nueva geometría' ha seducido las tendencias de los últimos treinta años, aunque esta seducción se mueve en un plano casi exclusivamente estético."

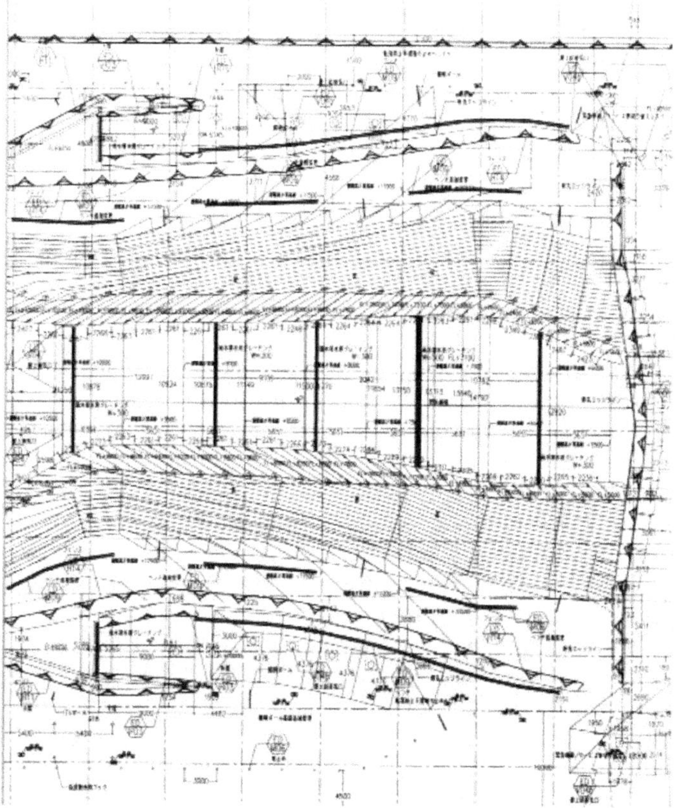

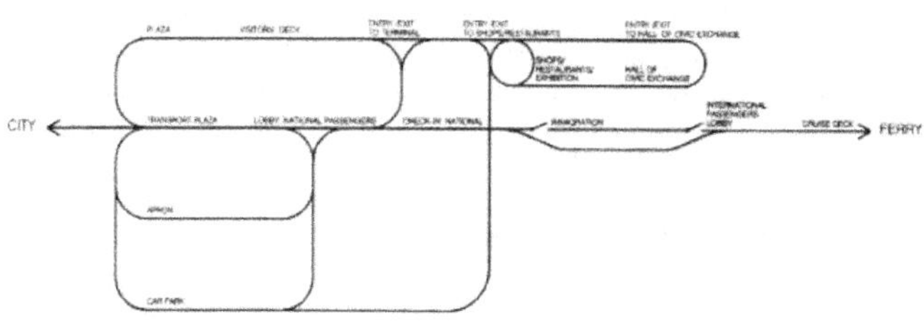

"A pesar de la revolución informática, se continúan usando en arquitectura plantas, vistas, cortes y perspectivas construidos sobre bases geométricas. Monge define todavía las maneras de representar, aunque pocos arquitectos reconocen esto, fascinados por un instrumento, el ordenador personal."

Para nuestro argumento, resulta importante subrayar además que los objetivos del mejoramiento técnico cambiaron de públicos y revolucionarios en el sentido social, por privados y conformes a la fluencia eterna del presente: maximizar el sistema, articularlo con las bases productivas y financieras de los países, en función del desarrollo de las grandes corporaciones, sin atención a que este desarrollo causase alguna mejora sensible —ellas, en el caso de existir, resultan secundarias al mismo impulso de movimiento perpetuo, el único "fin" del sistema.[9]

"Lo bueno y lo bello" están ausentes en este panorama. Porque ausente está, incluso, la razón en el sentido dieciochesco —lo que Weber ya había notado al diferenciar razón de fines y razón de medios. Se trata, para citar la bella frase de Thoreau, de **medios mejorados al servicio de un fin sin mejorar**. Porque "el objetivo de cualquier racionalidad, el fin de los medios para dominar la naturaleza, sería precisamente algo que ya no es un medio, que ya no es racional. La sociedad capitalista oculta y niega esta irracionalidad".[10] La razón no es consustancial con el objetivo de mejoramiento humano, sino con la eficiencia de los medios.

Resulta notable en este panorama oscuro que una disciplina como la arquitectura, tan determinada en su hacer por las condiciones productivas, haya mantenido una práctica identificada más con las definiciones de técnica y utilidad de los enciclopedistas —y aún, como veremos, con las ideas clásicas— que con los requerimientos actuales. Pensemos en el carácter concreto de cada emprendimiento arquitectónico; la relación personal del arquitecto con el proyecto y con la obra —y, frecuentemente, con usuarios individuales—; la intención de equilibrar uso, durabilidad, requerimientos estructurales o económicos con forma estética. La arquitectura parece hoy innecesariamente cara por lo artesanal, desvinculada de la industria moderna; su renuencia a utilizar materiales efímeros y su obsesión por la permanencia constituye un desafío al móvil del consumo —que no es el **uso**; el arquitecto aparece como una figura con pretensiones artísticas desmesuradas, solo utilizable en las escasas ocasiones en que se requiere un monumento o un edificio representativo. La práctica del arquitecto permanece apegada a las cosas, a las que pretende otorgarle calidad estética y belleza —palabras que hoy aluden más a la cirugía plástica que al arte—; sus medios a fines útiles; su figura a la del hacedor, el que **impulsa** las cosas, el que produce "para que algo exista", similar a la del técnico/artista clásico.

En el campo de las ideas, la identidad con la versión aristotélica es más evidente, alejándose de la versión instrumental ilustrada. Un aspecto

---

9. MARX, Leo. "La idea de tecnología y el pesimismo posmoderno", en MARX, Leo y ROE SMITH, Merrith, op. cit.

10. ADORNO, T. W. "Teoría estética". Orbis / Hyspamérica, Buenos Aires, 1984.

notable en este sentido es la presencia pregnante y activa de la articulación técnica-ética-verdad.[11]

El factor ético fue constante en el discurso arquitectónico de vanguardias. Su negativa a abdicar de los valores, a reunir lo bueno con lo bello, hacen de la arquitectura un arte especial en el concierto del siglo XX: y lo hizo, a diferencia de las otras artes, manteniendo programáticamente su relación con el mundo. Esta relación, por la naturaleza de la actividad, pero también por las coordenadas de la época, se resuelve en la técnica.

Algunos ejemplos pueden servir para ilustrar esta hipótesis, entre ellos los más conspicuos en los manifiestos del siglo XX: la idea de "verdad del material", el rechazo de la retórica ornamental, la transparencia del vidrio que evocaba la transparencia de la vida futura, todos tópicos que contestaban la "hipocresía burguesa"; la búsqueda obsesiva de la liviandad, metáfora de la liberación de las fuerzas "que tiran hacia abajo", "que comprimen", como en una sociedad jerárquica. No menos importante resulta la articulación entre modernismos y progresismo político, sea en tono revolucionario, como en Frankfurt o Moscú; en tono reformista, como en la segunda posguerra; o en el tono populista y libertario del '68 francés (los tres momentos, dicho sea de paso, de alto contenido ético en los discursos circulantes). **Bueno, útil y bello** mantuvieron su alianza en los modernismo de entreguerras, bajo la ilusión —ingenua pero reveladora— de que aquello de lo que habían gozado sólo los príncipes, estaría en el futuro inmediato a disposición de todos. Las consideraciones éticas atraviesan también la arquitectura del presente: ellas se enarbolaron bajo el lema de la corrección política (ya sea la línea deconstructiva de los '90, como fue el caso de congresos Any; o las consecuencias de las teorías de la "multitud" que dirigen hoy la reconsideración de la villa miseria, el entusiasmo por el cartonerismo o por el nomadismo urbano, o, finalmente, la persistencia del ecologismo en clave de redes horizontales).

Puede aducirse que este enfoque, que recorre todo el siglo XX y los escasos años del XXI, no es más que una persistencia de la moral ilustrada. Pero cuando en algunas de las figuras paradigmáticas del modernismo se manifiesta no sólo una idea funcional de "bien" sino una idea sustantiva de "verdad", no podemos menos que reconocer el fermento activo del pensamiento clásico en el ideario moderno. Tomemos como ejemplo un fragmento de discurso de Mies Van der Rohe en una escuela técnica norteamericana, en 1938.

"Preguntamos sobre el valor y el sentido de la técnica. Queremos mostrar que no solo nos ofrece poder y grandeza sino que también encierra peligro. Que sirve tanto para lo bueno como para lo malo. Y que

---

11. Decimos ética y no moral, porque la moral implica preceptos fijos que obedecer, mientras la ética una elección libre. La revuelta contra la moral convencional es una decisión ética.

aquí el hombre debe decidir correctamente. Cada decisión lleva hasta una forma determinada de orden. Por eso queremos iluminar todos los órdenes posibles y poner en claro sus principios. Queremos reconocer el principio mecanicista del orden como una enfatización de tendencias materiales y funcionales. Esto no satisface nuestro sentido por la función auxiliar del medio y nuestro interés por la virtud y el valor. El principio idealista del orden, a su vez, no puede, por su enfatización de lo ideal y de lo formal, satisfacer nuestro interés por la verdad y simplicidad ni tampoco responder a nuestra comprensión práctica. Aclaremos el principio orgánico del orden, como una determinación del sentido y la masa de las partes en su relación con el todo. Y hacia aquí nos encaminaremos... (a) conseguir orden en el caos incurable de nuestros días".[12]

Aquel que había manifestado, una década antes, que toda arquitectura era sólo construcción material, define tal procedimiento técnico como una actividad que, determinando un Orden, se encuentra en el ámbito de la Verdad. Y para no dejar dudas sobre la inscripción clásica de esta idea, su discurso termina con una frase de San Agustín: "Lo bello es el resplandor de la verdad".

La crítica a estos ideales éticos apenas disimulados provino, en la historiografía reciente, de derechas y de izquierdas, con argumentos diversos.[13] David Watkin critica el afán teórico de subsumir la arquitectura en la expresión de las condiciones sociales, morales o filosóficas de una época, descartando su movimiento específico; Manieri Elia analiza a uno de los pioneros característicos del relato canónico, William Morris, como un pequeño-burgués por sus afanes éticos. Y ha sido largamente demostrado que estas identificaciones apenas ocultaban, muchas veces, el afán propagandístico de las naciones, y también que los afanes fáusticos de la arquitectura la llevaron a oscuras negociaciones con el poder. Los incontables discípulos de Mies reprodujeron **ad nauseam** las imágenes de rascacielos acristalados con que el alemán fue identificado, tan útiles para simbolizar el poder de las corporaciones como para explotar la renta del suelo.

Pero mi intención es la de registrar hechos del discurso disciplinar, el que sostiene a la arquitectura como tal, que la deconstrucción histórica de los últimos treinta años ha horadado, pero no desplazado (porque la arquitectura es una disciplina propositiva). Los autores que han realizado la crítica a estas posiciones no han negado la presencia del discurso ético en arquitectura y su

12. VAN DER ROHE, Ludwig Mies. "Discurso inaugural como director de la sección de arquitectura del Armour Institute of technology" (1938), en "Escritos, diálogos y discursos", Murcia, 1981, p. 45.
13. MANIERI ELIA, Mario. "William Morris y la ideología de la arquitectura moderna". Gili, Barcelona, 1977. David Watkin, Moral y arquitectura, Tusquets, Barcelona, 1981.

articulación con la verdad. Watkin va más allá, y en parte explica esta permanencia de los valores clásicos: "Muy a menudo se pasa por alto que, desde **Platón a Choisy,** hubo tradiciones tan fuertes que los sucesivos debates en torno al estilo quedaron circunscriptos en los límites de éstas. Así, las explicaciones puramente racionales o técnicas de la arquitectura **quedaron subordinadas al modelo precedente".**

La recurrencia a valores clásicos, inmersos en la misma tradición que sustenta la disciplina, no sólo es consistente con lo que se enseña en las universidades o con lo que las asociaciones profesionales mantienen como ideal; ella aparece en total consonancia con el lenguaje técnico-específico de la arquitectura, que es el lenguaje geométrico. Fue este molde el que le dio sustantividad a la disciplina, la "razón" de la práctica que la eleva a **techné,** la que determinó que el objeto producido fuera o no "bello", "útil" o "bueno". Porque fue y es la geometría la que permite, para bien o para mal, un orden en la configuración de las intervenciones humanas sobre el mundo "natural". Revisemos, entonces, los malentendidos y sobreenteendidos de la geometría, la técnica específica del proyecto arquitectónico.

2. Proyecto, arte y técnica

Junto a las diversas condenas por las que la arquitectura moderna atravesó en las décadas recientes, se perfiló una especialmente sustantiva —tan **moral** como las afirmaciones de los Maestros— que identificaba el afán de orden, número y proporción que guía al proyecto arquitectónico con las peores formas de dominio del hombre sobre el mundo. Como contracara inevitable del rostro bello y claro de la geometría, emerge el terrible rostro de la espada.

Esta versión comienza a tomar forma con la crisis de los conjuntos habitacionales de posguerra, las tristes ciudades nuevas, los bloques alineados sin relación ninguna con el verde, con el espacio público, con la habitación cotidiana. Sin meditar demasiado acerca de los condicionamientos sociales, económicos o políticos que la arquitectura no podía enfrentar, desde fines de 1960 se fueron dinamitando sistemáticamente muchos conjuntos modernos que habían alcanzado valor paradigmático, mientras arquitectos y urbanistas intentaban resolver las deficiencias que se les señalaban. Pero la objeción más persistente no podía ser resuelta, porque atacaba al mismo corazón de la disciplina: el **proyecto.**

La palabra proyecto es ambigua. En principio no fue usada en la arquitectura académica (que prefería **composición,** lo que dio lugar a interesantes reflexiones sobre sus diferencias). Pero además "proyecto" no posee una traducción directa a otros idiomas (en inglés, por ejemplo, se utiliza el término **design** para el proyecto particular). Y cuando se habla de "Proyecto moderno" o de "Proyecto histórico", se refiere mucho más que una operación de diseño. Sin embargo, no puede dejar de notarse que la idea de proyecto, en todas sus variantes, adquiere un valor no solo técnico sino cualitativo, hasta casi identificarse con la tarea del arquitecto.

Aquí la utilizaremos en sentido amplio de "ideación de un plan y medios para la ejecución de algo futuro" que involucra a muy distintas técnicas y artes, pero también en el específicamente arquitectónico, donde este plan es presentado a través de una técnica concreta —la geometría descriptiva que resuelve plantas, vistas, cortes y perspectivas. "Entregar un proyecto" significa, en el lenguaje corriente, entregar esta documentación escrita en clave geométrica que garantiza la posibilidad de construcción del objeto. Esta clave geométrica permanece en la versión anglosajona de **design**, dibujo, el **disegno** renacentista ("la traza de dios"), que otorga límite, medida, y así, forma.

Este doble plano de referencia ha llevado a confusiones que ya aparecen en la lectura moderna de Vitruvio. El tratadista divide la arquitectura en tres partes: Orden **(taxis)**, Disposición (coordinación, en griego **diathesin**) y Proporción (eurithmya, simetría, decoro, **oeconomia**). Detengámonos en la disposición, el ensamblaje elegante, con cualidad y carácter, dividida en tres "tipos o **ideas**": **ichnographia** (planta o plan) **orthographia** (elevación) **scenographia** (perspectiva, "correspondencia de todas las líneas en el punto de fuga"). Los tipos corresponden, con pocas variaciones, a lo que hoy llamamos proyecto arquitectónico en sentido específico. Lo que se considera habitualmente un procedimiento de representación se define con cualidades tales como elegancia y carácter, las mismas que deberá poseer el objeto construido.

En el contexto en que Vitruvio escribe, la división de la arquitectura en tres partes corresponde a la división del trabajo del orador en el tratado retórico ciceroniano: la invención (el qué decir), la disposición (orden de las ideas) y la elocución (el momento clave para Cicerón, el que materializa el discurso ante los otros). La segunda parte responde a una técnica definida según el género, y es así que Vitruvio puede colocarla en analogía con el trabajo proyectivo y cualificar su elegancia y oportunidad. El aspecto central, sin embargo (para Cicerón o para Vitruvio) descansaba en la materialización de estas ideas (en palabra —enunciación— u obra).

Pero tales relaciones quedaron sepultadas a lo largo de la historia, y cuando Alberti las reinterpreta, la disposición, que corresponde al trazado (lineamenta), "puesta por escrito determinada y uniforme, concebida en abstracto, realizada a base de líneas y ángulos", se coloca en lugar central, desplazando el momento de la materialización, porque es la que, basada en ciencias prestigiosas, eleva a la arquitectura de arte **mecánica a liberal**. Es que el trazado no depende intrínsecamente del material: se proyecta "en mente y en espíritu". Bien lo sabía Le Corbusier, cuya inteligencia radicó en reconocer esta diferencia y traspasarla al ámbito moderno.

Tampoco en Alberti la técnica proyectual es solo técnica en el sentido contemporáneo: el trazado implica la fijación del edificio futuro en un lugar adecuado y "una determinada proporción, una disposición decorosa, una distribución agradable, de forma tal que la conformación entera del edificio descanse en el trazado mismo".[14]

Sin el trazado no existe posibilidad de proyecto: no existe orden y armonía - no existe belleza. Alberti la define aún de manera indecisa como **venustas** —placer de los sentidos— y **concinnitas** —concordancia. El placer, relacionado con Venus, femenina diosa del amor y la gracia, fue totalmente desplazado en las definiciones modernas del arte (un tema sobre el que debería reflexionarse: colores, variedad y ornamentos fueron excluidos en función de la "virilidad"). Ha quedado en la historia, en cambio, la identificación de la belleza con la armonía, unidad que adquirió su extendida mala fama gracias al antiacademicismo de las vanguardias plásticas. Su antitesis: lo feo o informe **(formless)**.

La arquitectura tardó mucho en abandonar esta idea, en parte porque, todavía hoy, si es posible contemplar lo feo o lo informe, no es posible **vivir** en él (el usuario busca la amabilidad del entorno: orientación, identificación, placer). Pero también porque la escasamente comprendida idea de armonía matrizaba la disciplina en todas sus partes y procedimientos.

Armonía no era un concepto abstracto en su sentido original, sino que aludía a una operación material—constructiva: ensamblaje o ajuste entre piezas y materiales diversos. Está ligada en el mundo griego al artesano que trabaja con material duro (**techton**: frecuentemente traducido como carpintero). La raíz **arche** vinculada a **techton** puede interpretarse así como "soy el primero entre los carpinteros". El arquitecto es, en esta versión, un técnico cualificado que comanda un grupo que fabrica cosas. Desde la época moderna, este lugar se eleva al rango de operación intelectual, pero siempre considerando que el arquitecto forma parte de la vida activa (es decir, de la transformación concreta del mundo material) y no de la contemplación filosófica.

Esta genealogía explica en gran parte por qué la belleza arquitectónica, descripta en textos antiguos, es indistinguible de lo bueno en el sentido de útil, y de los procedimientos correctos para lograrla. Y la armonía, epitome de la belleza, que a fines del siglo XV (cuando el neoplatonismo desplazó los principios albertianos) ya campeaba en un cielo espiritual, neutro e incorruptible, refería originalmente a un procedimiento práctico, basado en un conocimiento geométrico y a un uso determinado.

---

14. ALBERTI, Leon Battista, op. cit. I, cap. 1.

Resulta de especial interés una observación de Adorno acerca del aura de armonía que poseían las obras de arte de los siglos XVI y XVII. Ellas tenían todavía en consideración los procedimientos técnicos, que sus autores manejaban con perfección, de tal manera que la técnica no se presentaba "desde fuera, como tapagujeros". Palladio y Bach, por citar dos autores eminentes en los que Adorno descansa su argumento, podían elevarse sin culpa **por encima** de los medios técnicos de su época, rompiendo o recreando la tradición, resolviendo los problemas que ponía el propio desarrollo autónomo de las artes. Esta libertad descansa en el manejo confiado de las técnicas, íntimamente ligadas a la expresión. La unidad de partida es la que les otorga hoy a sus obras la apariencia de plenitud que tanto envidiamos. A diferencia de las obras arcaicas, cuya ingenuidad nos seduce pero que carecían de la libertad de las modernas para ir más allá del puro procedimiento, las obras de estos siglos (al menos hasta el XVIII) reúnen libertad y necesidad. Los procedimientos —que descansan en las ciencias exactas— son todavía núcleo de invención: no, como bien anota Robin Evans para la mayor parte de las obras contemporáneas, núcleo muerto y dogmático que pesa sobre ellas como fantasma del pasado.[15]

La mala prensa de la armonía se basa en una serie de malentendidos. Uno de ellos es la idea de clausura, que supone la de expulsión de todo aquello que no "cierra" la forma. Pero sabemos que, todavía en el **quattrocento**, armonía no se entendía como identidad completa entre las partes, sino como posibilidad de ensamblar lo distinto, que se mantenía como tal. Nuestra idea de armonía es frígidamente neoclásica.

Existen razones más profundas para temer las consecuencias de esta armonía que descansa en el orden geométrico, base técnica y estética de la profesión del arquitecto. La filosofía ha puesto en relación este orden cerrado e impositivo con la estrategia militar, el presupuesto jerárquico de la raíz **arche** (que también significa mandar), y el origen aristocrático de "lo bueno". La implicancia más radical de quienes toman esta cuestión al pie de la letra es el abandono de la arquitectura como tal —y el paso a ser subsumida en otras lógicas tecnológicas que no son menos sospechosas para una sensibilidad "de izquierdas", como la **net** en general. El problema consiste en que cualquier manera de actuar, de decir o de representar está tramada inevitablemente con la historia humana, que no es precisamente un lecho de rosas.

La contracara exacta de esta sospecha que motorizó las más variadas tendencias de la segunda mitad del siglo XX es el profesionalismo banal y eficaz. Se trata, en nuestro país, de la actitud más extendida en los centros

---

15. EVANS, Robin. "The projective cast. Architecture and its three geometries". MIT press, Cambridge, Mass., 1995.

de formación y en la práctica de la disciplina, en donde los procedimientos proyectuales, esencialmente numérico-geométricos, se identifican sin más con una técnica neutra, universal e intemporal, de manera que sería impropio calificarlos con otros adjetivos que los atinentes a la eficiencia interior a un sistema que desdeña las implicancias futuras.

Tal vez sea esta doble pinza (la abstracción filosófica que unifica 2500 años de historia bajo el purgatorio del Orden, y su contracara, la actitud conformista que identifica la técnica como una operación neutra sin fin ético o político) la que impide reflexionar con sutileza acerca de la revolución informática a la que venimos asistiendo.

Hubo, por cierto, muchos cambios de importancia desde que se ensayó en Egipto la forma de transcribir en dos dimensiones un objeto real, o un objeto que, no existiendo aún, pudiera ser construido en el futuro. El más difundido en la literatura histórica y crítica del siglo XX remite a la construcción bidimensional de un espacio homogéneo a través de la perspectiva brunelleschiana, de efectos centrales en la construcción del espacio real. Otros cambios en la larga duración han pasado más inadvertidos en la literatura específica, como aquellos derivados de los avances de la geometría de los siglos posteriores a Newton y Leibniz. Ella, nos dice Evans, siguiendo una primera distinción realizada Henry Poincaré, pasó de geometría métrica o estudio de sólidos a geometría proyectiva o estudio de la luz. La primera es una geometría háptica, porque la congruencia de las figuras es evaluada en la medida en que ellas se perciben iguales cuando se colocan juntas, mientras la geometría proyectiva es una geometría de la visión, óptica, porque la congruencia de las figuras es evaluada en función de la semejanza desde un mismo punto de vista.[16] La arquitectura utiliza ambos tipos de geometría, dando lugar a confusiones.

Pero interesa remarcar aquí que es la geometría proyectiva —más precisamente, analítica— la que produce una revolución que excede con mucho la arquitectura desde el siglo XVII, en estrecha relación con la invención del cálculo diferencial. Se modifica así sustancialmente la geometría griega clásica —siempre sospechada de inexactitud por su carácter continuo y no discreto— abriendo la posibilidad de expresar curvas complejas a través de formulas exactas. La revolución de la geometría da lugar a investigaciones clave en el siglo XIX, como las de Poncelet (la relación entre figuras propias y su sombra) o las investigaciones de Poincaré y Riemman que abren la novedosa rama de la topología (estudio de las propiedades que los objetos retienen luego de su deformación). Lo cierto es que, si este desarrollo impactó de manera sustancial a ciertas prácticas ligadas a la geometría, como la cartografía, no

---

16. **ROBIN** Evans, op. cit.

alteró demasiado el mundo de la arquitectura. Las razones son diversas, pero señalo tres: la primera radica en la dificultad intrínseca de estas teorías para ser comprendidas por legos y así aplicadas con solvencia (aunque las investigaciones mencionadas se iniciaron en el campo de la geometría, constituyen hoy una rama compleja de las matemáticas, de tal manera que la extrema abstracción de sus principios resulta casi insalvable para el standard de educación del arquitecto); la segunda, creo, atañe más a fondo a la disciplina, y radica en su forma específica de pensamiento que actúa más por analogía visual que por lógica (metafórico, no deductivo). Finalmente, para una práctica de proyecto y construcción corriente, no es necesaria otra geometría que la clásica y otra comprensión que el uso instrumental de la computadora personal, que permite acceder al trazado de curvas complejas sin conocimiento siquiera de análisis matemático.

Sin embargo, la "nueva geometría" ha seducido las tendencias de los últimos treinta años, aunque esta seducción se mueve en un plano casi exclusivamente estético. Cuanto afecta a la arquitectura esta distancia entre comprensión del instrumento geométrico-matemático y su papel de disparador de formas en clave estética no aparece suficientemente estudiado. Lo cierto es que indica una diferencia sustancial con la práctica tradicional, ya que la geometría clásica, aún aquella que, normalizada por Monge como geometría descriptiva, sirve todavía de base al proyecto, era ampliamente conocida en su dimensión científica y dominada técnicamente por el arquitecto, de manera que la distancia entre su comprensión lógica y su uso analógico no constituía, como hoy, un abismo.

Más aún: al apelar a los sentidos (tacto y vista) la geometría clásica permitía un puente directo con el mundo cotidiano en que siempre el arquitecto se movió. La complejidad matemática implica también la posibilidad de disolver la descripción del objeto, cuya representación siempre poseyó una marcada ambición "naturalista" (es decir: consistente con la experiencia del ojo), en fórmulas, diagramas y esquemas que se alejan de ella. El objeto se vuelve cada vez más fantasmático, en el sentido de más cercano a la idea, lo que afecta nuestra percepción de lo que sea o no **real** (no asombra que hoy se hable de simulación hiperreal en lugar de realidad). Por lo que, en caso de aceptar plenamente el desafío de las ciencias exactas, es probable que la profesión de arquitecto se divida en los dos extremos que denostaba Vitruvio: "así, los arquitectos que sin cultura se dedican solo a la práctica no pueden ganar el prestigio correspondiente a sus trabajos, mientras que aquellos que confían en la teoría y literatura obviamente persiguen una sombra y no la realidad".[17] Que sea o no posible mantener hoy en una sola figura profesional estos requerimientos debiera ser, también, materia de reflexión.

---

17. VITRUVIUS. "On Architecture". Loeb classical library, Harvard University Press, Cambridge, Mass, 1995.

La arquitectura que no quiso renunciar al objeto ni disolverlo en pura imagen presentó esta contradicción a lo largo de su trayectoria moderna; desde Semper hasta Scarpa, podría bien escribirse una historia alternativa de los modernismos del siglo pasado. Es también el caso de sus artes hermanas. La pintura aun se debate entre el conceptualismo que dominó los últimos treinta años y el desafío de replantear el oficio. Los caminos de la "nueva escultura" resultan aun de mayor interés. Richard Serra, por ejemplo, coloca en relación perceptiva las consideraciones de la topología y sus objetos de gran dimensión (pero para ello, trabaja con científicos especializados, casi como un ingeniero).

Vinculado con estas dificultades, pero también con nuevas facilidades, emerge una curiosa situación. A pesar de la revolución informática, se continúan usando en arquitectura plantas, vistas, cortes y perspectivas construidos sobre bases geométricas. Monge define todavía las maneras de representar, aunque pocos arquitectos reconocen esto, fascinados por un instrumento, el ordenador personal. La inserción en las nuevas técnicas informáticas —que implican una democratización general, ya que su acceso resulta en prácticas más fáciles y rápidas que las que descansaban en el lento aprendizaje de la geometría y de las matemáticas superiores—[18] lleva también a suponer que las técnicas de geometría descriptiva que la construcción on line ofrece representan un cambio sustantivo con respecto a la geometría utilizada apenas una generación atrás.

Muchas veces, la falta de resistencia del instrumento técnico no redunda en mayor reflexión acerca de lo que realmente estamos haciendo. Quienes tenemos alrededor de 50 años o más, hemos tenido que luchar a brazo partido con el lápiz negro o la pluma sobre calco —un oficio integrado por gilletes para borrar, tinta para recargar, mano para representar— pero no sólo con eso: la geometría métrica implicaba escala, y así, proporción. El acercamiento al proyecto, en el sentido de disposición vitruviana, se realizaba lentamente: ciertas cosas aparecían en determinada escala y no en otra, lo que otorgaba un saber que excedía a la técnica geométrica para adentrarse en las diversas escalas —mundos— en que el ser humano se desenvolvía. Un esquicio era una idea; un plano de replanteo determinaba con detalle en donde había que colocar la cerámica o cual era el límite de la propiedad. Como es sabido, la computadora traduce directamente "en escala 1:1". Es frecuente ver en las facultades de arquitectura proyectos de alumnos que, todavía rumiando la idea general, son traducidos por la máquina como si ella implicara una definición material. El vacío que rodea muchas de estas

---

18. Me refiero, por cierto, a una democratización a la que sólo tenemos acceso aquellos que podemos acceder al mundo globalizado de Internet, del que están excluidos millones.

producciones no es, por cierto, producto de una elección, sino efecto de este traspaso técnico.

Volvamos ahora, luego de estas consideraciones particulares, a la imputación metafísica que pesa sobre la arquitectura, y que implica tan estrechamente la geometría y el proyecto. Lo retomo recordando que Vitruvio coloca "teoría" y "literatura" en una misma frase, objetando los **phantasmata** creados exclusivamente bajo su designio. En **literatura** podemos incluir filosofía, el otro ámbito de seducción arquitectónica en los últimos treinta años —ya los límites de los géneros (historia, literatura, filosofía) fueron explícitamente puestos en cuestión. La palabra, recordemos, es tan abstracta como la fórmula matemática. Bien lo reconoce el poeta W.H. Auden, reflexionando sobre las preocupaciones de Goethe: "No verbal description, however careful, can describe a unique object; at best, it describes objects of a certain class." Los únicos medios técnicos capaces de representar las cosas en su unicidad concreta son los utilizados por lo que Barthes definió como artes dióptricas (pintura, fotografía, cine, etc) y las artes del diseño, que no solo representan sino que construyen el mundo material.

Lo que desarrollaré ahora es tanto la dificultad de una disciplina cuyo pensamiento es concreto y de este mundo para comprender las derivas del pensamiento abstracto como, viceversa, la dificultad de la filosofía para comprender las diferencias en la existencia empírica. Gianni Vattimo lo expresa así, aludiendo a los grandes sistemas metafísicos (y con esto menta sistemas filosóficos, científicos, y técnicos) que continúan reinando en la interpretación de lo que sea "real": "Esos sistemas distinguen siempre entre una realidad empírica y una realidad "verdadera", que es la descripta en su teoría (...) verdadera porque no se identifica con la realidad en su modo de darse inmediato y cotidiano. (...) estos sistemas tienden a la organización total de todo ente...realizada por la tecnología...concretada efectivamente como orden del mundo".[19] La realidad empírica, nuestra experiencia cotidiana, la única realidad que conocemos, es abolida por un orden sistémico, superior. Pero hay algo más: este orden responde a la voluntad de dominio del sujeto, en la forma cartesiana. Y no necesito decir que fue Descartes el que sentó las bases para la revolución científico-matemática de Newton y Leibniz.

Tan dificultoso es este pensamiento, que no extraña que haya buscado una metáfora vívida para permitir su difusión y que la haya encontrado en la arquitectura. Y a su vez la arquitectura de los últimos años se sumergió con escasa pericia en consideraciones metafísicas, colocando el orden geométrico como clave inmóvil, adversario que una "nueva geometría" —o una no-geometría— podría desterrar.

---

19. VATTIMO, Gianni. "Introducción a Heidegger". Gedisa, Barcelona, 1990.

Pero el núcleo de la discusión que, iniciada en sede filosófica, fue recogida por los arquitectos, se establece en el proyecto. Como en épocas de Aristóteles, se toma el ejemplo de la arquitectura para resumir y preguntar a todas las artes útiles —y de las artes útiles "mayores" sólo queda la arquitectura.

La reflexión parte del mismo punto que señalamos: la esencia de la técnica, que define el mundo moderno, no es algo técnico. En esto no podemos sino estar de acuerdo. Es Heidegger el que indica entonces un fructífero camino: la reflexión sobre la técnica tiene que tener lugar en un dominio que, por un lado, esté emparentado con su esencia, y que por otro le sea fundamentalmente ajeno. Semejante dominio es el arte. Lo que nos deja en un umbral muy interesante para la arquitectura, ya que en su propia definición, en su enseñanza y en su práctica se encuentran todavía entrelazados íntimamente Técnica y Arte. Las preguntas que hacemos a la arquitectura comprometen algo más que la propia disciplina; comprometen la condición del hombre **en el mundo** (no la contemplación de lo divino o de lo que es más allá de lo físico); así, ella puede señalar alternativas en un horizonte siempre pintado con los colores de la desesperanza.¿Son estas esperanzas viables?¿Es acaso deseable insistir en aquella voluntad de armonía, de orden, de verdad, que los arquitectos mantuvieron en la plenitud del debate de vanguardias?

Ante todo, ¿puede un arte ser **proyectual**? En todo caso, ¿qué mentaba Heidegger por Arte, colocado con mayúsculas y en singular? Muchos autores, en la estela hegeliana, rechazan de plano que la arquitectura pueda ser un Arte: su resolución como proyecto, dicen, la acerca demasiado al núcleo de la técnica contemporánea, que nada tiene que ver con valores. El proyecto, con su clave armonizante, su origen en el cálculo, procura una síntesis igualadora e impositiva sobre las cosas, y así no puede guardar relación ninguna con un Arte que es definido por la estética idealista como epitome de la Libertad.

El argumento es desarrollado en "Il fare perfetto. Dalla tragedia della técnica all'esperienza del arte", de Massimo Doná.[20] El proyecto, para Doná, es el procedimiento que sustancia cualquier fabricación. Pero su resultado no está garantizado, porque ningún saber existente en la temporalidad puede garantizarlo: se trata de la ilusión de dominio sobre un incierto futuro. Por esto, el mito de Pandora —la mujer que abre el cofre de donde surgen los infinitos males producidos por la ambición humana, y que concluye con el regalo de la esperanza— balancea el "poder" de la técnica prometeica que desafió a los dioses. La esperanza, el único y último bien que surge del cofre, es la clave del proyecto: la esperanza de que, actuando "con método admirable", como

---

20. DONÁ, Massimo. "Il fare perfetto. Dalla tragedia della tecnica all'esperienza dell'arte", en CACCIARI, M. y DONÁ, M. "Arte, tragedia, tecnica". Raffaello Cortina Editore, Milán, 2000.

dijo Alberti en la conocida definición del arquitecto, el objeto emerja tal y como lo planeamos. Pero lo producido nunca colmará nuestras ambiciones, porque no incluye en su proceso la temporalidad (el accidente, la complejidad, la multitud de pareceres, las dificultades de negociación intersubjetiva, etc). En cambio, se hace fuerte en el dominio del hombre sobre todos los seres que no se identifiquen con su propio provecho. Según Doná, estos rasgos históricos se han acentuado con la voluntad de coherencia y eficacia de la técnica moderna, pretendidamente "universal" y por ello sustraída a los avatares del tiempo.

La **tragedia** se identifica con la idea de proyecto. Sumergida en el tiempo humano, la actividad técnico-proyectual no puede sino transitar un camino de decadencia desde la idea perfecta y clara hasta su realización imperfecta. A diferencia del hacer técnico, dice Doná, el hacer artístico posee su fin en si mismo, y este fin no es otro que el mismo **hacer**. Como el orfebre griego, el artista trae al mundo, "deja venir" lo todavía no presente. "**Que algo exista** es el único vínculo al que el hacer artístico actual esta sometido". Los modos de su hacer son solidarios: el material, la apariencia, el objetivo, el artista que produce. El arte contemporáneo parece resaltar esta unidad originaria, pero sin imposiciones normativas: tiene su única y última justificación en el hacer. Expresa así la "pura existencia de lo existente". Carece de **metron** anterior: proceso y obra son lo mismo en el desplegarse temporal.

En cambio, la arquitectura (como las técnicas en general) no pertenece a un reino autónomo. La base proyectual, cuyo medio es el cálculo, no sólo no puede introducir la innovación radical que descansa en el transcurso cualitativo y productor del tiempo (el objetivo está preestablecido, independiente del proceso de construcción); su justeza no corresponde siquiera a la adecuación de los medios a los fines, sino al propio fin que ya se conocía de antemano: en nuestro mundo, el proceso.

Para sustanciar su argumento, Doná ignora dos cuestiones. La primera, es que hace al menos cuarenta años el arte es "conceptual" en el sentido específico que le otorga la crítica, pero también en el más amplio que alude al debilitamiento del objeto y la consecuente importancia de la idea previa. El artista contemporáneo calcula, y calcula muy bien, con menor resistencia de los hechos, de las técnicas y del proceso temporal del hacer que la que se le presenta al arquitecto en su trabajo. Su subjetividad se impone con escasas trabas. Más aún: proyecta; proyecta en el sentido específicamente técnico, pero también en el sentido general de la palabra: imagina hacia el futuro. Que la obra resultante constituya en ocasiones algo totalmente nuevo no descarta que haya sido proyectada, salvo que queramos desterrar del mundo del arte desde las obras de Piero y Picasso, hasta las de Sol Lewitz y Richard Serra. El proceso, físico e imaginativo a la vez, altera sustancialmente la descarnada idea previa, pero la supone. Es la escasa distancia entre idea, proyecto y realización en las artes "plásticas" la que trae aparejada la ilusión de que el artista se realiza sólo en el proceso intrínseco de su hacer, sin convenciones previas, sin ley y sin determinaciones externas. Esta mistificación de la actividad artística se la debemos, como diría Adorno, a **la oscura sombra del idealismo**.

En arquitectura, no es posible ni deseable permanecer atado a una idea pura. Algunos maestros, como Amancio Williams, se acercan a esta definición metafísica de la actividad. Pero, aunque casi no construyó, evitando mezclarse con el proceso real de la vida, no por eso su proceso de ideación responde a la repetición de un modelo previo, fijo en su cabeza antes de someterlo al trabajo intelectual. Aún en el impoluto trabajo de Williams, el proceso altera y pone límites a las posibilidades de su creación. El arquitecto debe **necesariamente** entrar en negociaciones y contaminaciones con "la vida", al menos con sus posibilidades (por ejemplo: que algo se sostenga estructuralmente o no) y al mismo tiempo no puede renunciar a una ideología disciplinar que, anclada en la belleza y la verdad, solicita de él otra cosa que la simple adecuación al mundo (una ética que resume las esperanzas ilustradas). El choque entre ambas solicitaciones, cuando se llevan consecuentemente, no puede ofrecer otra cosa que algo inédito.

La segunda cuestión que se ignora es el complicado y oscuro proceso del proyecto arquitectónico, que no es el del ingeniero, el del físico o el del biólogo. Existe muy poco de lineal en él, y mucho menos en la práctica que convierte en real el proyecto. Doná ignora la pasión del arquitecto por ese "traer algo a la existencia" que lo lleva tantas veces a negociaciones espúreas. Sin duda la arquitectura, como arte impuro, posee otras razones para **ser-hecha** que el libre traer a la existencia algo —pero también el Arte (¿acaso un artista no persigue dinero, estabilidad y sobre todo gloria?) Precisamente porque estos motivos están sobre la mesa y no enmascarados en la práctica arquitectónica, es el único arte que hoy puede preguntarse **desde dentro** por las complicadas relaciones entre su condición y la condición del mundo.

Las consideraciones de Doná se orientan, sin embargo, hacia un problema central en la arquitectura de hoy y con el que acuerdo: la idea de que los arquitectos debiéramos abandonar el platonismo que nos acompaña desde Marsilio Ficino, que tan bien se articula con la recurrencia de metodologías rígidas, calcadas de las novedades de la física o de la astrología presentada en la forma **científica** que ofrecen la economía o las ciencias sociales. Su naturaleza parece más cercana a otras "disciplinas blandas" como la antropología o la geografía. El peligro de la exactitud olímpica está representado por Amancio Williams, cuya obra debiera constituir una lección: la exquisitez de sus trabajos tempranos aparece velada por su negativa a enfrentar el mundo real. Esto no sólo afecta la posibilidad de construcción de los proyectos; afecta en la larga duración la propia "obra". Ella adquirió tintes monumentales y obsesivos; perdió en densidad cultural y en .inserción en los problemas actuales. Pocos quieren recordar la cruz en el río, o la "Ciudad que necesita la humanidad" o la Ciudad en la Antártida; ellas, con una ingenuidad terrorífica, fueron propuestas o repropuestas por Williams en plena dictadura militar. Su obra también muestra cómo en arquitectura la búsqueda de certezas futuras perpetúa la confusión básica, que consiste en reunir procedimientos proyectuales con "belleza" del objeto.

La contracara del ascetismo individual de Williams, que es la búsqueda de un sustento "real" acatando con docilidad lo que otros deciden (me refiero a esa categoría indecisa que es "la gente", colocando al arquitecto por fuera de esta, y a la gente como masa: una mezcla de paternalismo y desprecio), lleva al arquitecto a situarse en el extremo opuesto. así cae en la típica dicotomía occidental: eludiendo la Idea, se entrega sin más, en la versión cínica, a los negocios urbanos; en la versión progresista, a "la gente diseñando su propio ambiente". Los fantasmas dejan paso a la ilusión de la práctica concreta, "sin teoría". (Y por qué debiéramos mantener una facultad de arquitectura pública si éstas son las condiciones?)

Las investigaciones actuales más interesantes, a mi juicio, no abdican de la condición proyectual de la arquitectura, que la determina como tal, pero sí de la rigidez y totalización que el proyecto moderno implica. Rechazan el molde fácil, que identifica el cálculo y la geometría proyectual con la forma producida; reducen la intervención violenta de la forma en la vida y se adentran en otras formas despreciadas del orden, como el color, el ornamento u otras propiedades del material físico. No renuncian a la forma: sería tanto como renunciar a la posibilidad de cambio de la situación del habitar —que no es, por cierto, idílica. ¿Cómo hallar una forma que de cuenta de tal multitud de solicitaciones?

Cápsulas espaciales y llaveros

Clases sociales entre artefactos y categorías artificiales entre humanos

Alberto Guillermo Ranea
DOCTOR EN FILOSOFÍA, UNLP; PROFESOR DE HISTORIA DE LA CIENCIA Y DE LA TÉCNICA, UNIVERSIDAD DI TELLA.

La sensación de familiaridad estrecha con artefactos y trebejos de toda índole se ha transformado en los últimos tiempos en un tácito sentimiento de consanguinidad. Es difícil determinar el punto de arranque y el alcance de esta novedad, pero sus síntomas se advierten en la vida cotidiana, tanto pública como íntima, en muchas sociedades en la actualidad. A pesar de toda apariencia, el fenómeno no encaja dentro de la teoría —algo demodé desde hace algunas décadas— que entiende a la tecnología como prolongación de nuestras habilidades corporales. Por el contrario, se trataría del proceso inverso en el cual muchas personas confunden el funcionamiento de su organismo y el de los instrumentos con los que convive cotidianamente. La intimidad con los artefactos llega a tal grado que sorprende la ausencia de sorpresa ante expresiones tales como "¡soy yo!", cuando suena una llamada en el teléfono celular de quien la profiere. Situaciones más morbosas se encuentran en el tránsito actual, cuando los automovilistas presuponen que la persona que se cruza de a pie en su camino tiene la capacidad de reacción y movilidad de su propio vehículo, sometiendo a su congénere biológico a proezas físicas y respuestas automáticas altamente estresantes y peligrosas.

Los ejemplos de esta novedad de influencia creciente pueden multiplicarse sin dificultad, desde la penosa identificación de la ancianidad con la obsolescencia hasta la sorpresa de que aún exista una naturaleza que ofrezca días de lluvia en fines de semana o provoque maremotos y tornados — aunque en este caso el hecho de que se la califique en términos morales de injusta o asesina no desmiente que se espera de ella que actúe como un artefacto automatizado. El alcance de este efecto de consanguinidad llega hasta las teorías acerca de la relación entre innovación tecnológica y sociedad — de lo que es difícil sorprenderse, dado que los intelectuales que proponen teorías exitosas en ese campo, seguidas e imitadas luego en otras regiones del globo, suelen pertenecer a sociedades en las que la vida en común con artefactos es más íntima y frecuente que con otras personas.

Algunas de las más reverenciadas teorías actuales sobre tecnología y sociedad muestran huellas de nuestra novedosa consanguinidad con artefactos. De acuerdo con una de estas teorías, los sujetos humanos y los no humanos, provistos todos de status igualitarios, constituyen asociaciones primigenias mixtas o "colectivos" a través de procesos de negociaciones y alianzas. Sólo muy posteriormente y con grandes dificultades sería posible separar la "sociedad" de la "tecnología" como entidades independientes: la existencia de sociedades puramente humanas resulta tan quimérica como la de artefactos puramente a sociales.[1] Una teoría así solamente es pensable como fruto de una época en la que la vida humana está íntimamente ligada con sus innovaciones tecnológicas. La consanguinidad con éstas crea la convicción de que las asociaciones entre humanos y no humanos son **per se** el fundamento mismo de toda sociedad en toda época. Una teoría originalmente dirigida a explicar las relaciones entre tecnología y sociedad en tiempos de mercados globalizados y constante innovación tecnológica se vuelve de este modo hipótesis general acerca del papel de la tecnología en la constitución de cualquier asociación humana.

Esta ilusoria universalidad lleva a la convicción de que la relación de los humanos con sus parientes no humanos ha sido siempre de similar intimidad. No sorprende pues que en teorías como la mencionada se busque el apoyo de narraciones mitológicas o históricas en fuentes griegas clásicas, o en acontecimientos del Barroco europeo. La distancia temporal no importa; después de todo, "todos los colectivos mezclan entidades humanas y no humanas de la misma manera".[2] La diferencia entre el episodio del rey Herón de Siracusa adoptando los artefactos bélicos inventados por Arquímedes, por un lado, y el de Robert Boyle convocando a la bomba de vacío para sus fines políticos, por el otro, sería solamente una diferencia de tamaño. Así, los colectivos modernos "agregan más híbridos con el fin de recomponer el nexo social

---

1. LATOUR, Bruno. "We have never been modern". Cambridge, Mass., Harvard University Press, 1993.
2. LATOUR, Bruno, op. cit., p. 108.

y extender su escala. No solamente la bomba de vacío sino también microbios, electricidad, átomos, estrellas, ecuaciones de segundo grado, autómatas y robots, molinos y pistones, el inconsciente y neurotransmisores."[3]

La percepción del pasado histórico en estas concepciones está teñida de las mismas dificultades que nos impiden tener una memoria precisa de nuestro pasado personal. Es difícil recordar cómo eran nuestras vidas antes del e-mail y de las computadoras portátiles. Como en el caso de dolores pasados, solamente podemos tener una memoria intelectual de la vivencia de nuestras existencias en ambientes tecnológicos diferentes. Son vivencias tan ajenas a nuestra identidad presente como si pertenecieran a culturas ajenas. Un tímido vislumbre de ellas puede tenerse en pasajeros colapsos energéticos o en la brevedad de las vacaciones, pero de manera más dramática aún en la experiencia de la enfermedad que nos separa del ritmo productivo temporaria o permanentemente. De manera más dramática aún se advierte en la amarga realidad de la marginalidad en la que las personas son arrojadas a una forma de vida de la que los artefactos parecen ser tan ajenos que hasta sorprende —e indigna— a muchos espectadores de la miseria actual que haya televisión e internet en esas vastas y crecientes regiones. Consecuentemente, resulta más cercano un antropófago que recolecta sus víctimas por internet en un país altamente industrializado que un paria que sucumbe por el frío o las parasitosis a pocos metros de nuestras casas. La tecnología define así la pertenencia a la condición humana, no los sentimientos ni las creencias ni las acciones.

Al plantearse en estos términos el problema de la consanguinidad entre humanos y artefactos pareciera que se abren dos caminos contrapuestos, el del rechazo del vínculo y de la tecnología, o su aceptación como marco general para la existencia de mercados y libertades asociadas con ellos. A pesar de su tono radicalizado, se trataría de una contradicción aparente. La modernidad designaría "dos conjuntos de prácticas enteramente diferentes... El primer conjunto de prácticas ... crea mezclas entre tipos por completo nuevos de entes, híbridos de naturaleza y cultura. El segundo conjunto... crea dos zonas ontológicamente diferentes: los seres humanos por un lado, los no humanos por el otro".[4] Los modernos estaríamos así condenados a padecer una actitud contradictoria frente a la tecnología, a la vez celebrándola como bondadosa y amigable, y rechazándola como ángel exterminador de la condición humana. También aquí la consanguinidad tiñe las teorías más exitosas y las prognosis más atrevidas acerca del destino planetario. Un matiz importante surge cuando se advierte que al menos dos tipos diferentes de artefactos están implicados en esas teorías actuales sobre la relación entre humanos y no humanos.

---

3. LATOUR, Bruno, op. cit., p. 109
4. LATOUR, Bruno, op. cit., p. 10-11.

Por un lado están los proyectos y adelantos que conducirían al ser humano — al menos a un puñado de ellos — a dimensiones trascendentes, sobrehumanas, tales como el viaje espacial y la vida artificial. Por otro lado encontramos aparatos que, como los automóviles y microondas, ayudan a que gocemos de nuestras vidas terrestres y humanas.

El rechazo y aceptación simultáneos en tiempos actuales de los estrechos nexos entre humanos y artefactos sugiere una situación similar a la que René descartes describió acerca de la relación entre la mente y el cuerpo. Si bien el análisis filosófico determina que existe una diferencia real entre ambos, experimentamos misteriosamente su unión como un hecho impenetrable a la razón. Esta comparación es más que un mero recurso literario. Varios de los más importantes desarrollos tecnológicos actuales son vistos por sus patrocinadores y autores como la progenie tardía del pensamiento cartesiano. En efecto, la inteligencia artificial y las máquinas pensantes, la ingeniería genética y la vida artificial serían los personajes principales de un drama moderno que tuvo su amanecer a mediados del siglo XVII con Descartes.[5]

Si el "espíritu de invención" habita fundamentalmente entre esos desarrollos de la **high-tech**, entonces la misión de la actual inventiva tecnológica sería la de liberar a la humanidad de su miserable condición actual. Por consiguiente, las tecnologías que contribuyan a una estadía más confortable en la vida cotidiana debería ser despreciada. Las connotaciones religiosas de esta actitud no son imaginarias ni supuestas: "la tecnología ha llegado a ser identificada con la trascendencia, implicada como nunca antes en la idea cristiana de redención. Los medios mundanos de supervivencia fueron redirigidos ahora hacia el ultramundano fin de la salvación".[6] Lamentablemente, la redención milenarista no es para todos sino solamente par los elegidos. Así, estas tecnologías no fueron pensadas para amenguar las dificultades de la vida humana en general, sino que "han sido dirigidas a la meta más sublime de trascender por completo esas preocupaciones humanas".[7] Una tecnología para una élite, cualquiera sea el significado que se le dé a esta palabra: una clase social o una etnia, un país o una corporación. No sorprende pues que los abogados de la separación radical entre tecnología y sociedad elijan sus ejemplos entre estos productos de la **high-tech**.

Esta concepción sobre la relación entre la tecnología de avanzada y el destino trascendente del ser humano han abrevado en las páginas de un programa para futuros desarrollos tecnológicos escrito en 1929 por John

5. NOBLE, David. "The Religión of Technology". New York: Alfred Knopf, 1997, p. 143-173.

6. NOBLE, David, op. cit., p. 9.

7. NOBLE, David, op. cit., p. 206-209.

Bernal.[8] El mundo, la carne y el diablo se refieren, respectivamente, al medio físico, al elemento fisiológico y al componente psicológico de la futura evolución humana. La colonización del espacio se refiere al primer ítem mencionado (el mundo), mientras que la mecanización del cuerpo al segundo (la carne). Ambos contribuirían a una mejor vida para los humanos en una etapa futura: "las disimilitudes entre las condiciones de vida en el espacio y sobre la tierra serían en sí mismas suficientes para causar cambios evolutivos perfectamente normales, sin asistencia, entre seres humanos, pero obviamente las condiciones espaciales serían más favorables para el hombre mecanizado que para el orgánico. Si pudiera liberarse de la mayor parte de su cuerpo… [esto] le daría al hombre mecanizado una ventaja similar a la que la célula animal relativamente flexible y desnuda tiene sobre la planta rígidamente demarcada. Por otra parte, sólo en el espacio tendrían las potencialidades de las formas más altamente desarrolladas de las mentes complejas un adecuado campo para funcionar."[9]

Por otra parte, el "deseo de progresar", el arma para derrotar al demonio de las pasiones humanas, es el tercer elemento esencial para el futuro evolutivo controlado e inducido racionalmente. Quienes carezcan de él decidirán quedarse, perezosamente, en la tierra, mientras que un puñado de seres humanos emprenderá una ruta señalada por sus almas racionales, un paso adelante en la evolución humana.[10] Una curiosa futurología de notorias afinidades con descripciones del éxito y del fracaso en el mundo del libre mercado.

Un punto de vista mucho menos dramático aparece cuando se toman en cuenta tecnologías mucho menos trascendentales que las cápsulas espaciales, la inteligencia o la vida artificial. Nuestra vida junto a todo tipo de objetos y mecanismos apunta claramente a una estancia cotidiana más confortable sobre esta misma tierra. En este sentido parecería irrelevante que en gran parte hayan sido planeados para la guerra. Una vez que comienzan a circular por nuestros dormitorios y estadios de fútbol se vuelven personajes naturales en nuestros asuntos.

Algunos de estos artefactos merecieron atentos estudios en la literatura especializada en la relación entre tecnología y sociedad. Cinturones de seguridad, llaveros de hoteles, puertas automáticas, por ejemplo, han sido objeto de ricos análisis recientes.[11] De acuerdo con estos análisis, delegamos en esos artefactos la carga de la responsabilidad en casos en los que la imprevisibilidad de nuestra conducta podría crear dificultades en la vida colectiva.

---

8. BERNAL, John D. "The World, the Flesh, and the Devil. An Enquiry into the Future of the Three Enemies of the Rational Soul". London, Kegan Paul, Trench, Trubner and Co.; New York: E. O. Dutton, 1929.
9. BERNAL, John D., op. cit., p. 73-74.
10. BERNAL, John D., op. cit., p. 95.
11. LATOUR, Bruno. "La clef de Berlin et autres leçons d'un amateur de sciences". Paris: La Découverte, 1993.

En este sentido esos artefactos son antropomórficos en el inusual sentido de dar forma a nuestras acciones humanas.[12] Y cualquiera sea el sentido que se le dé a "especie humana", es innegable que ellos también participan en sus pasos evolutivos futuros, pero sin perseguir metas trascendentes y evasivas. Por el contrario, se trata de una evolución terrestre de nuestra especie ligada bien firmemente con sus compañeros no humanos. Una evolución amistosa que podría y debería abarcar a todos los seres humanos podría así reemplazar al elitismo de la primera visión de la innovación tecnológica y el destino humano. Tal vez se logre así romper el embrujo de la consanguinidad con artefactos tan ajenos a nuestro horizonte cotidiano real como las cápsulas espaciales, y podamos recuperar en parte el control de nuestro futuro.

---

12. LATOUR, Bruno, op. cit., p. 66.

La producción de la forma

Roberto Doberti — Liliana Giordano
ARQUITECTO UBA; DR. ARQUITECTURA UNR; PROFESOR TITULAR CONSULTO FADU-UBA. TEÓRICO E INVESTIGADOR.
ARQUITECTA UBA; COORDINADORA LABORATORIO DE MORFOLOGÍA FADU-UBA; INVESTIGADORA.

Suele, descabelladamente por decir lo menos, oponerse la Tecnología a la Forma. Se plantea la situación del arquitecto tironeado por dos pulsiones, la voluntad formal y el imperativo de excelencia tecnológica. Lo extraño es que tal falacia goza de buena salud, impulsada por quienes nunca han incursionado o reflexionado en la práctica arquitectónica con alguna profundidad y compromiso. Tal vez el impulso de ese antagonismo también haya que buscarlo por las actitudes de los desvariados o alucinados sea por la pura factura tecnológica o por la imaginería de las meras apariencias, posiciones que también manifiestan su triste y erróneo simulacro de la práctica proyectual.

Se trata, entonces, de mostrar la asociación requerida e inevitable entre Tecnología y Forma. Vamos a mostrarla en dos planos o niveles; uno sustantivo y esencial —que presentaremos apenas en sus rasgos más generales— y otro en las tecnologías que se aplican para la creación de las formas, entendida éstas en su dimensión más general, en ese momento decisivo en que son pura disponibilidad, pura entidad impalpable.

Desde los albores del tiempo

La condición humana fue muy lenta y progresivamente desarrollada. Cambios en los escenarios físicos, en las organizaciones anatómicas y fisiológicas y en el desarrollo de la mente se asociaron, se enlazaron, para que llegáramos a ser lo que somos: la especie humana.

Esta historia es muy extensa, muy compleja y en muchas de sus particularidades presenta muchas dudas y lagunas. Tomaremos en cuenta, de manera sintética, solo aquellos aspectos, pasos y procesos que resultan pertinentes a la temática que estamos considerando. Atreverse a sustituir el cobijo forestal para ocupar primero las praderas y luego el planeta entero, disponerse a tomar la posición vertical liberando así los brazos y las manos, capacitarse para el manipuleo con la oposición del pulgar, y al mismo tiempo desarrollar la corteza cerebral, fueron algunos de los eslabones de la cadena que nos sostiene y nos ancla.

Pero todo esto no constituye sino el conjunto de las condiciones de posibilidad para un paso decisivo, un paso que implicó cruzar el umbral a través del cual se ingresa en el espacio de la cultura, espacio inestable y abierto, espacio sin retorno ni destino preciso, fascinante y aterrador. Ceden todas las certezas y eficacias propias de la limitada vida instintiva y se perfila el horizonte de lo cambiante y modificable. Ya no el mero adaptarse al medio sino la posibilidad y la necesidad de adaptar el medio. Irrumpen en nosotros el significado y la cultura, o irrumpimos nosotros en el mundo —con ese magma básico desde donde se originarán todas las técnicas— haciéndolo mundo, es decir interpretación de lo circundante y de nosotros mismos.

Probablemente fue primero una cultura utensiliar, ya cultura porque el utensilio no es mero y eventual auxilio, no es recurso aleatorio y devuelto a lo circundante apenas cumplió su cometido. Es utensilio porque es recuerdo de sus usos anteriores y prefiguración de su utilidad futura, porque es un útil que se guarda y resguarda. En rigor, es verdadero utensilio en el preciso momento en que no se usa, en que solo es aquello que se sabe que puede usarse, en que es pura predisposición, por lo tanto en el momento en el que ingresa o constituye el campo simbólico.

Disponibles ya los utensilios primigenios y básicos —seguros y necesarios indicadores de la presencia humana en toda exploración de arqueología antropológica— fue necesario otro paso fundamental. Fue necesario que se distinguiera entre la Forma y la Materia, que se apreciara la configuración acuñada del filo o la puntiaguda del punzón, distinguiéndola del peso y la densidad de la piedra o de la consistencia del hueso. Esa sustancial distinción no estaba destinada al divorcio sino al reencuentro entre la Forma y la Materia. Aislada la Forma se hubiera diluido por su intangibilidad y su función puramente notarial de registro de lo existente, y la Materia no hubiera dejado de ser apenas ese imprevisible e inerte amontonamiento donde eventualmente aparecía el segmento apropiado a usos fijos y limitados.

Las historia no fue así, la Forma extraída de la cosas fue preservada como Imagen y entonces se fue capaz de modificar otras cosas, de trabajar otras cosas, para hacerlas utensilios. Ya no se trataba de seleccionar, recolectar y guardar cosas que sirvieran como utensilios, ahora se los construía, se los elaboraba; fuimos productores. En ese reencuentro de la Forma y la Materia la Tecnología se puso en marcha. ¡Vaya si tienen que ver la Forma y la Tecnología! ...si no se determinan mutuamente, si en lo primordial no pueden estar la una sin la otra.

El genial escritor Italo Calvino, desaparecido no hace muchos años, nos alumbra sobre esta relación fecunda y necesaria entre la Tecnología y la Forma a través de un relato ficcional, incluido en la gran ficción que tituló Las **Ciudades Invisibles**. Se trata de un breve diálogo imaginado por Calvino entre Marco Polo y el Gran Kan, señor del Imperio de Oriente. Transcribo el diálogo:

Marco Polo describe un puente, piedra por piedra.

—¿Pero cuál es la piedra que sostiene el puente? —pregunta Kublai Kan.

—El puente no está sostenido por ésta o aquella piedra —responde Marco— sino por la línea del arco que ellas forman.

Kublai permanece silencioso, reflexionando. Después añade:

—¿Por qué me hablas de las piedras? Es solo el arco lo que me importa.

Polo responde:

—Sin piedras no hay arco.

Las palabras de Calvino nos indican que había más, y algo tan decisivo y fundamental como lo que ya anteriormente delineamos. Esa configuración extraída o separada del utensilio, preservada en la imaginación y probablemente en el grafismo, dio origen a un pensamiento nuevo y fulgurante. Dio origen a un pensamiento y a una actividad novedosa y deslumbrante, dio origen al Proyecto. Esa configuración se perfeccionó, se ramificó según las disponibilidades de los materiales y las ansiedades de simbolización, esa configuración ya no se repitió mecánicamente; se proyectó, se anticipó la existencia de configuraciones nunca vistas y se planificó conjuntamente el ensamblaje con la concreción tangible. La práctica proyectual volvió a anudar, cada vez más estrechamente, la Forma y la Tecnología.

Y esta historia apenas empezaba. Marquemos solo unos pocos sucesos más. Entre ellos vale destacar la construcción de ciertas cosas que no atienden a ninguna necesidad directa ni satisfacen ningún deseo específico; cosas que solo sirven para hacer otras cosas, que solo sirven para acrecentar el campo de los deseos. Esas cosas son Herramientas, Instrumentos, sin los cuales ni la Forma ni la Tecnología —y difícilmente la propia humanidad— hubieran podido salir de un estado embrionario, primitivo.

También es notable la apropiación del fuego, primero con las técnicas capaces de preservarlo, sostenerlo, y luego con aquellas que permitieron generarlo. Se da entonces un salto cualitativo en el desarrollo de la Tecnología y de la Forma; el fuego —**el foco** alrededor del cual se produce la configuración circular de la reunión generadora de los mitos y los ritos— habilita la cocción, la alfarería, el trabajo de los metales y con ello se abren los espacios del cultivo y del culto, enraizados etimológica y metafísicamente con la cultura.

Señalemos por último, entre los puntos de inflexión de la constitución plena de la humanidad, la gestación de las técnicas y las configuraciones de la escritura y de la ciudad. Pasaje pleno a la historia, entrecruzamiento de las líneas del tiempo y el espacio: perdurabilidad del habla y memoria del devenir —real o fabulado— de los pueblos cifrada en los monumentos y las imágenes gráficas. Técnicas múltiples y diversas, dispuestas para la construcción de los templos y los caminos, los carruajes y las vestimentas, las armas y las casas; configuraciones también innumerables y variadas que dicen y hacen que algo sea altar o ruta, toga o yelmo, patio o mercado. Conjunción siempre presente de la Tecnología y la Forma destinadas a satisfacer los requerimientos, los anhelos y las ambiciones de los hombres, cubriendo la gama que va desde la plenitud a la destrucción de la vida.

La arquitectura, rama primordial de la actividad humana despliega con la mayor amplitud este juego, recoge y produce las técnicas de la fabricación de los edificios y las ciudades, y también de las técnicas que habilitan su prefiguración, y las que organizan su procesamiento interno. No le son ajenas las técnicas y las configuraciones que dan sustento a la tradición que ancla el habitar de los pueblos a los espacios que organizan la distribución de los poderes y los placeres, del privilegio y la marginación, del gozo y el padecer.

Tecnologías de la producción de la Forma

Vamos a tratar ahora una temática de mayor especificidad; vamos a tratar acerca de procedimientos para la creación de formas. Como ya anticipamos tomaremos para el caso a las formas en su nivel general o entitativo, en ese momento decisivo en que son pura disponibilidad, pura entidad impalpable, en ese momento anterior a toda determinación particular, sea de escala, de fabricación material o utilidad predeterminada. Valga recalcar la necesidad de esta instancia o nivel primordial, porque solo así puede ser disponibilidad abierta y dispuesta para los actos precisos de diseño, para su inserción en los procesos proyectuales.

Estos procedimientos destinados a la producción de la Forma requieren de un tipo determinado de pensamiento y de modos de concreción y expresión de los resultados, es decir, que requieren de una **lógica** y de una **técnica**. En el sentido que la etimología indica, sentido que resulta ser el más directo y real de la palabra requieren o generan una **Tecno-logía** específica.

Para el tratamiento de este campo de producción ya no bastan las palabras, junto a ellas se necesita el discurso de las propias configuraciones que dicen y contienen la lógica y la técnica que las hicieron posibles. Por lo tanto las imágenes que acompañan al texto no son ilustraciones del discurrir verbal sino parte integrante y sustantiva del discurso que se enuncia.

La apertura de sentido, la posibilidad de nuevas visiones, justifica que las obras de arte, las obras de la arquitectura, y hasta las materializaciones más directamente utilitarias, sean permanentemente interpretadas descubriendo significados y lecturas que demuestran su estructural polisemia, la imposibilidad de restringirlas a una unívoca descripción. Esta condición, sustantivamente abierta, esta inevitable posibilidad de pensar de más de una manera cualquier configuración también se presenta en este momento básico, despojado, primigenio.

Tomemos como ejemplos dos superficies bien conocidas: el cono y el paraboloide hiperbólico. El cono es una superficie generada por la rotación de una recta alrededor de un eje con el que tiene un punto en común, pero también el cono es una superficie que se genera por la traslación de una circunferencia que modifica linealmente su diámetro a lo largo de su recorrido y muchas otras alternativas más. El paraboloide hiperbólico se puede entender como la traslación de una parábola sobre otra situada en un plano normal al que contiene a la primera, y tal que ambas parábolas tengan invertidas sus concavidades. También el paraboloide hiperbólico se lo puede entender como una reglada alabeada generada por la traslación de una recta sobre otras dos no coplanares y tal que esas generatrices se mantengan paralelas a un plano director. No menos pertinente es entender al paraboloide hiperbólico como la traslación de las dos ramas de una hipérbola que se van acercando a sus asíntotas y que cuando las alcanzan cambian los cuadrantes en los que se inscriben alejándose ahora en su recorrido de dichas asíntotas y varias alternativas más.

Con esto hemos demostrado la notable riqueza de lecturas que la forma conlleva y manifiesta pero al mismo tiempo necesariamente hemos ingresado —sin mayor orden ni precisión— en algunas de las operatorias técnicas, concretamente en las tecnologías, propias de la producción morfológica.

Sin ánimo ni posibilidad de agotarlas, presentamos a continuación un listado de algunas operaciones de la Tecnología que posibilita la producción de la Forma.

- Operaciones sistemáticas de la graficación de las configuraciones espaciales.
- Operaciones sistemáticas de generación de configuraciones planas y espaciales.
- Operaciones de conformación sintetizando polos espaciales opositivos.
- Operaciones materiales de concreción gráfica y tridimensional.

El tratamiento en profundidad de cualquiera de estas operatorias demandaría una extensión y detalle que excede los objetivos de este trabajo, de manera que plantearemos algunos principios básicos y algunas configuraciones que orienten hacia su comprensión y sus posibilidades.

■ Sistemas de graficación espacial

Si atendemos a los sistemas de graficación —representación y prefiguración— de las configuraciones espaciales, el primero que históricamente se constituye como tal es la Perspectiva. Consiste claramente en una Tecnología que habilita un nuevo estadio en la producción de la Forma. Desde la Perspectiva cambia la mirada sobre el mundo y, en rigor, también hará cambiar al propio mundo. La precisión y armonía de sus trazados maravillarán a los artistas del Renacimiento —**Qué dulce cosa es esta Perspectiva**, dirá Leonardo— y se instala como una amalgama perfecta de Tecnología y Forma que modifica la interpretación del orden general de lo real. Establece la distinción y la complementariedad del sujeto y el objeto, la geometrización del espacio perceptual, la anticipación de las nociones de infinitésimo y límite, y el anuncio del derrumbe del cosmos medieval y la aparición del universo de la modernidad.

Con la Geometría Descriptiva, perfeccionada y reconocida en su estatuto de técnica que puede decir sin ambigüedad la configuración exacta de las cosas, otra vez cambia lo que se mira, lo que se piensa y lo que se hace, ya no más un observador personalizado, ya no más aquella dulzura que regodeaba a Leonardo, ahora de la mano de Gaspar Monge se establece una espacialidad absolutamente homogénea, isótropa y controlable, pagando el precio de desdoblar al objeto y desterrar al sujeto. Es la Revolución Industrial, de la que será instrumento y símbolo, la que le da sentido y vuelo a ésta Tecnología que produce la Forma concordante con el espíritu de la época.

Hoy en día hemos elaborado procedimientos que transmutan al observador estático en viajero dinámico, y al objeto en escena.

■ Sistemas de generación de formas

Las lógicas y las técnicas —la Tecnología— para la generación de las configuraciones establecen un repertorio muy amplio y de divergentes vertientes o naturalezas. Sin embargo, lo primero que hay que rescatar y proclamar es que las formas no están, no nos son dadas, que es necesario generarlas. Puede argüirse, con certero error, que basta abrir algunos libros o revistas y hasta pensar en algunas palabras para encontrarse con centenares de formas. Pero, en rigor, solo nos encontramos con simulacros de formas, simulacros no en la objetividad de lo mostrado sino en la subjetividad de lo entendido.

Una morfología generativa se establece, explícita o implícitamente, como un sistema en el que se reconoce el campo de las realizaciones y el campo de su gramática, es decir el campo de las producciones en el sistema y el campo de los principios que las regulan y posibilitan. La interacción dialéctica y la mutua potenciación de ambos campos es consecuencia de la acción mancomunada del pensar y el hacer, de la imaginación y la legalidad racional.

En este nivel de la morfología entitativa podemos reconocer escalones que van desde las configuraciones más genéricas o abstractas, tales como el triángulo, el cuadrado o el cubo —que ciertamente requieren ser generados aún en ese nivel tan aparentemente obvio— a los modos específicos que muestran lecturas o énfasis particulares, o bien unidades más elementales que les dieron origen. Es clave verificar que nunca hay un solo procedimiento de generación, y por tanto una posibilidad de lectura o entendimiento, y al mismo tiempo que siempre es necesaria alguna interpretación que haga que la Forma sea reconocida, construible y portadora de sentido.

Traslaciones, rotaciones, reflexiones, extensiones, seriaciones, transformaciones, son operaciones que en cada gramática se habilitan o se limitan, se especifican o se extrapolan. Estas operaciones nos son mecánicos movimientos espaciales sino Tecnología para hacer posible la Forma, es decir para que ella devenga de un proceso generativo que la instituya desde la voluntad proyectual.

■ Síntesis de polos opositivos

Toda configuración se percibe, interpreta o construye desde alguna oposición de elementos que la configuración sintetiza, es decir que las procesa en una continuidad que no anula la dialéctica de los polos opositivos sino que los menciona sosteniendo su tensión constitutiva. Así, y solo así, una disposición en el espacio es Forma. Acentuando la idea, y dado que nada puede existir sin inscribirse en el repertorio social de las formas, entonces esa disposición en el espacio es, y solo es, por esa tensión de los polos opositivos, en caso contrario apenas podrá aspirar a mera ocupación inerte de algún lugar.

Tan relevante como lo dicho es que toda configuración admite —y exige en la plenitud de la interpretación de su sentido— más de un par opositivo, en consecuencia no hay una única clave para su lectura.

Describamos algunos casos elementales para evitar confusiones. Tomemos el tetraedro, el cubo y el cuadrado. Al tetraedro, el cuerpo platónico con menor número de componentes, suele reconocérselo a partir de la oposición de una cara horizontal de apoyo y un vértice superior; así el tetraedro sintetiza esa polaridad percibido o construido como pirámide de base triangular. Pero basta apoyar el cuerpo sobre una de sus aristas para verificar que entonces la tensión se establece entre esa recta de apoyo y la arista superior, que aparece como su perpendicular espacial; el tetraedro sintetiza ahora, sin anularlo, otro par opositivo.

El básico, el sólido y hasta aparentemente monocorde cubo, bien puede establecer una tensión entre una cara de apoyo y una cara superior, o entre una cara frontal y otra posterior, o entenderse como conjunción de dos triedros que oponen los vértices a través de una diagonal del cuerpo que así es protagonista de la configuración.

Todavía más básico y carente de misterio alguno puede parecer el cuadrado. Sin embargo, la lectura que se apoyaba en la oposición de las medianas o en la distinción de la horizontal de apoyo estable y la vertical de aspiración controlada de la altura, se altera, cambia radicalmente, con el simple procedimiento de girarlo 90 grados. Hasta su inscripción nominal se modifica, ahora se dice rombo, ahora es la oposición de las diagonales y su cruce central lo que organiza su entidad.

Peculiar y necesaria Tecnología de producción de la Forma, un ejercicio sustancial, tal vez insospechado, de la Tecnología para dar sustancia a la Forma.

▪ Concreciones gráficas y tridimensionales

La Forma desde nuestro enfoque anclado en la arquitectura y el diseño, en definitiva en las prácticas proyectuales, no es una entidad ideal; requiere ser graficada o construida materialmente, siendo frecuentemente estas dos instancias pasos sucesivos en el ámbito disciplinar.

Es aquí el lugar donde se hace más evidente la relación inescindible entre Tecnología y Forma. Las técnicas que se forjan a partir del grafito, la tinta o el óleo inciden en la producción de las configuraciones, del mismo modo que no resultan irrelevantes la utilización del tiralíneas o el pincel, ni la apoyatura en un papel satinado o rugoso, opaco o transparente. Las formas requieren ser concretadas y ello implica materialidad e instrumental.

Estos no son procedimientos para concretar formas que de algún modo sean preexistentes; las formas se instituyen, se organizan y califican a través de este pasaje necesario y creativo por los caminos de la técnica.

La concreción de las configuraciones se ha realizado siguiendo o utilizando desde las técnicas más simples o directas —graficaciones donde la mano marca surco sobre la arena o moldea la arcilla— pasando por el buril, el grafito, la pluma, la regla y el compás como inseparables aliados, el torno, el vaciado con metales, el cincel, e innumerables artilugios más. Por este derrotero de lo que podríamos llamar mecanismos, la Forma y la Tecnología imaginaron y concretaron maravillosas obras del ingenio y la sensibilidad.

Sin embargo, desde hace pocos años se ha producido un cambio cualitativo, el derrotero ya no sigue el camino de los mecanismos, ahora en lo esencial no se mueven átomos sino bits de información. La digitalización ha abierto posibilidades en la concreción gráfica y tridimensional que apenas estamos explorando, no solo ha aparecido una nueva Tecnología sino también un nuevo repertorio de la Forma. No nos debe extrañar, una y otra están como siempre enlazadas, aunque todavía solo estamos recorriendo los intrincados vaivenes de esos lazos.

Breve narración para no acomodarnos en la comodidad

Debe haber un momento más o menos preciso, en la historia y en nuestra vida, en el que no nos contentamos con ordenar nuestras sensaciones y establecer así una coherencia o presunto sentido, denominando a eso mundo o realidad. En ese momento imaginamos otras cosas y acciones.

Esa ampliación puede tener distintos motivos: puede ser que intentemos incorporar o construir lo todavía inexistente, conjurar o impedir que algo ingrese o aparezca, comparar lo imaginado con lo presente, o simplemente deleitarnos o aterrarnos por esa diversidad abierta y, tal vez, infinita. En rigor, los motivos no explican esa disposición sin excepciones a la creación, sino que es esa disposición la que dispara los motivos o justifica esas posibles funciones.

Hay otro momento en el que no solo imaginamos otras cosas o acciones sino que dejamos constancias de ellas, ya sea mediante dibujos, palabras escritas o monumentos de piedra o metal. A veces sospecho que somos una pieza de esa maquinaria, y entonces escucho el eco de ese incesante traqueteo de registrar y compartir los intentos de ampliación del mundo.

Aproximaciones a la técnica contemporánea en su relación con la arquitectura

Leandro Costa — Juan Pablo Negro
ARQUITECTOS; DOCENTES E INVESTIGADORES UBA - CENTRO POIESIS.

Energía y arquitectura

En la "Pregunta por la técnica", conferencia realizada por Heidegger en el año 1953, distingue la esencia de la técnica moderna, de la esencia de la técnica o tejné de los griegos, teniendo el cuidado en dejar claro, que la esencia de la técnica moderna no es, en absoluto, algo técnico.

La esencia de la técnica se relaciona con el desocultar, o sea con el operar de la técnica y el resultado de la técnica.

Para Aristóteles ese desocultar se daba mediante la **poiesis (poiesis kai tejné)**. Pro-ducción (del latín **pro-ducere**, poner delante de) con arte (o técnica), como el advenimiento de lo oculto a la presencia, o sea la creación del objeto técnico o artístico, producto del conocimiento, saber y del trabajo del técnico — recordemos que **tejné** para los griegos significaba tanto arte como técnica—.

En cuanto a la técnica moderna, la técnica de la era de la maquina (y podríamos incluir a las actuales técnicas de la era virtual y las neuro-genética-sintéticas), el desocultar se da, para Heidegger, en la forma de un develar provocante de la energía que la naturaleza atesora.

La técnica moderna, nacida de la aplicación de la ciencia, la tecno-ciencia, sería la que explota, para el hombre, las energías ocultas en la naturaleza de la misma manera en que una central hidroeléctrica transforma la corriente de un río en energía eléctrica. Se trata de la técnica al servicio de la producción de los entes, de las cosas, de los productos de la modernidad que dan sentido a la lógica del intercambio de mercancías. Ni el capitalismo ni el marxismo tomaron debida cuenta de esto. Tanto la burguesía como los líderes del proletariado soviético arrasaron con la naturaleza buscando en ella, a través del poder transformador de la técnica moderna, abastecer sus sistemas productivos. Por otro lado, el imperio de la tecnocracia instala el siguiente discurso falaz: "… la técnica no es ni buena ni mala, depende de cómo se utiliza…". Si la tecno-ciencia es transformación del mundo, ya no puede ser moralmente neutra y la cuestión ética se instala en el centro del problema del conocimiento.

Es también la técnica que devela provocando a la naturaleza para desocultar la energía que consumen nuestras ciudades y por lo tanto nuestros edificios. Es interesante pensar que gran parte de esa energía y productos de la técnica moderna son **consumidos** en principio por nuestros edificios y ciudades.

Supuestamente somos los que brindamos el sentido a la utilización de esa energía en un determinado hábitat, pero en definitiva somos segundos en la cadena para el consumo de esa energía. ¿Se podría pensar que la técnica moderna produce energía que va a ser en principio utilizada por la misma técnica moderna?, ¿es la técnica como autónoma?

Ahora bien, es una tentación culpabilizar a los entes producto de los hombres, del consumo sin retorno de la energía oculta en la naturaleza.

Los hombres somos los receptores finales de esa energía, pero en ella nos consumimos. Las guerras actuales por los recursos primarios son el más claro ejemplo de esto. Son las guerras vaticinadas por Paul Virilio, en las cuales se intenta mantener el movimiento en perpetua aceleración de una sociedad de la velocidad pero, en apariencia, sin rumbo. Es un mundo encerrado en si mismo y en peligro de una colisión final, es el mediático mundo global, concepto inventado en la guerra fría e institucionalizado luego de la caída de la Unión Soviética. Es también, el mundo de la aceleración de las desigualdades sociales y de la forclusión[1] que evade el hecho de que la explotación del hombre por el hombre se intensificó notoriamente. La potencia del **logos** técnico llevó al hombre a considerarse en posesión (poderoso) de fuerzas lo suficientemente importantes como para disolver y superar los límites del mundo real. Ese ilusorio progreso autónomo y perpetuo, originado en la confianza ciega depositada en la técnica moderna, hoy se encuentra truncado

---

1. Concepto elaborado por Jacques Lacan para designar un mecanismo específico de la psicosis por el cual se produce el rechazo de un significante fundamental, expulsado afuera del universo simbólico del sujeto. Cuando se produce este rechazo, el significante está forcluido. No está integrado en el inconsciente —como en la represión— y retoma en forma alucinatoria en lo real del sujeto.

ante la inminente posibilidad de que el Hombre se autodestruya aniquilando la vida en el planeta que habitamos.

¿Qué tiene que ver la arquitectura contemporánea con todo esto? Veamos.

Las alarmas del comando de la globalización están activadas, la ecología al borde del colapso. La posible falta de energía dejará a la técnica moderna a mitad de camino hacia sus objetivos finales: ¿convertirse en autómata?; ¿convertir en un desierto a este planeta, solo receptáculo de la misma técnica? La arquitectura y las ciudades entran aquí a jugar un papel importante al respecto. A estas alarmas que cada vez resuenan más fuertes, el sistema de la lógica del consumo responde con la arquitectura sustentable y auto-sustentable:

La arquitectura sustentable y auto-sustentable:

Son las que proponen una utilización de los recursos del producto del reciclaje, de los materiales de baja entropía y del bajo consumo energético. ¿Pero qué es lo que se pretende sustentar?, ¿Que es el reciclaje, por ejemplo?, ¿No es una parte más de la lógica del consumo y de la industria? No es nuestra intención tornarnos en moralistas, no se trata de volver al "pastoreo" de Heidegger, no hay posibilidad de eso. Pero ciertamente tampoco se trata de entregarnos para convertirnos en esclavos de la era virtual.

En el mejor de los casos, es cierto que la arquitectura sustentable bien construida y pensada, baja la entropía y se logra consumir menos energía eléctrica. Pero este consumir menos energía eléctrica se da en la forma de la racionalidad, entendiendo racionalidad como ración, o sea ración de energía. Racionamiento del alimento energético (partición) para estos tiempos de las guerras difusas. Una economía de guerra no declarada, pero presente en todos los rincones del planeta. Por otra parte, ¿hasta qué punto es sustentable esa arquitectura? Si lo pensamos desde el objeto arquitectónico, probablemente esa calificación sea apropiada, pero ¿el modo de producción de ese objeto arquitectónico también es sustentable? Actualmente muchos diseñadores de la **elite** arquitectónica global optan por un **high tech** sustentable, ponen énfasis en resoluciones de fachadas bioclimáticas, terrazas verdes y otras bondades, pero raramente mencionan la toneladas de gases nocivos volcadas a la atmósfera por la producción del aluminio con el cual después se ejecutan las pieles de estos edificios. Se cumple la profecía heideggeriana: el problema de la técnica moderna no es en absoluto un problema técnico, es un problema de comprensión filosófica y de comprensión del destino del mundo.

Por supuesto que es una opción —la de la arquitectura sustentable—, deseable a la de la arquitectura hiper-tecnológica que consume energía sin restricción; pero la cuestión más importante es que siguen estando por fuera de los debates, la relación entre los hombres y las arquitecturas. Una relación que debe ser revisada continuamente, y sobre todo el rol social de la arquitectura en sus sentidos más amplios y complejos: precisamente los que tienen que ver con el habitar en relación a la técnica. Por otra parte, consideramos que es necesario trabajar incansablemente dentro de nuestra disciplina para incorporar a lo sustentable dentro de ésta y no como un añadido externo, y este no es un desafío que se pueda encarar sólo desde lo técnico sino que lo sustentable debe ser incorporado al lenguaje arquitectónico como algo intrínseco a este y no como artefactos adosados a la arquitectura y pensados fuera de nuestro ámbito.

Todo parece o aparece en esta arquitectura de mercado en la que estamos inevitablemente inmersos, como una cuestión de efecto, muy en la lógica del mundo virtual y de la información editada.

En poco tiempo más el ropaje de la virtualidad nos cubrirá completamente, no será solo imagen virtual, sino tacto y olfato virtual. ¿Qué pasará con la arquitectura y el hombre del plano de la realidad? ¿Qué pasará con los que quedan por fuera del sistema?, ¿la evasión de los problemas socio-arquitectónicos será total? ¿Es la instauración final de la estética de la desaparición[2] inaugurada mundialmente con la caída de las torres gemelas?

La arquitectura de la glocalidad[3]

Desde hace unos años se pueden ver en los medios de difusión académico — mediáticos, algunas obras de arquitectos latinoamericanos, que resultan muy interesantes y con un gran potencial. Son arquitecturas realizadas muchas veces, con tecnologías caducas en los centros de la globalización, pero que tienen el valor de la voluntad de sobreponerse a las posibilidades limitadas de recursos materiales y económicos. La originalidad de estas obras radica en la disposición tectónica de los elementos constructivos muchas

---

2. Paul Virilio describe a la estética de la desaparición como a una estética íntimamente relacionada con la velocidad y las distorsiones que ésta puede producir hasta provocar una desaparición total del sujeto (desintegración y deformación de las coordenadas espacio-temporales). Una estética producto del intento de generar una conciencia global y de anular las iniciativas individuales; lo que desemboca finalmente en la desintegración (la invisibilidad) y no en la identificación.

3. El concepto de glocalización es una palabra creada que une la globalización y la localización. Con este concepto se intenta entender el actual proceso de transformación como una conexión entre la dinámica local y global: lo local gana en significado porque debe participar en un sin número de lugares en la competencia global por los recursos.

veces tradicionales, así como en la configuración espacial y arquitectónica en general. En cuanto al tema del consumo de la energía, estas obras trabajan en su mayoría con relaciones más amigables entre la técnica y la naturaleza. Algunos autores la denominan arquitectura **low-tech** (baja tecnología) como antítesis del **high-tech** (alta tecnología). Vemos poco apropiado ese término, ¿cuál es el criterio para calificar de "baja" a una tecnología?, si lo sofisticado (de **sophía** y **sophista**) es el camino técnico-proyectual y no el objeto acabado, ¿tenemos derecho a nombrarla de esa manera?

Frente al arquitecto mundano-nómade-superconsumista y globalizado, que propone la utilización de los recursos siempre nuevos de la industria (sin meditación en cuanto al uso) y que se burla del atraso de las localizaciones (antes se hablaba de centro y periferia, conceptos que nos parecen aún vigentes) que se resisten al progreso de la globalización (como si fuese una elección) y sobre todo a esos aguafiestas que no saben divertirse. Algunos arquitectos de la localización, de las regiones con falta de recursos, oponen una producción sensible y por qué no superior, en términos fenomenológicos. ¿Es una vuelta forzada a la tejné de los griegos? ¿Estaremos ante el retorno, debido a la contingencia, a un saber hacer con los recursos existentes? Parecería que en cuanto a la producción de materialidad arquitectónica, la globalización no es tal, no da lo mismo un punto que otro en esta red que pretende extenderse uniformemente para controlar todo el globo. Desde la periferia, tal vez, todo se ve más claramente.

La estetización de la técnica

Hace algunos años, el pensador venezolano Mayz Vallenilla desarrolló un nuevo concepto para referirse a la técnica actual: la meta-técnica. La técnica pasa de ser instrumental a ser un fin en si mismo. La técnica tradicional es antropomórfica, antropocéntrica y geocéntrica, la meta-técnica se posiciona por fuera del mundo de la vida humana, comienza a percibir la otredad, la alteración de los sentidos a través de lo trans-humano y de lo virtual. La meta-técnica provoca en los individuos un fenómeno de goce que es obtenido por la interacción con los productos tecnológicos, sin importar el valor final que pueda resultar de esa interacción. Ya no importa la acción, sino formar parte de ella.

En la arquitectura esto se ve en el creciente rol que se le da a los efectos tecnológicos, a las fachadas virtuales y a los estímulos provocados en el ser humano provocados por dispositivos de este tipo: hipnosis y fascinación. Ese goce estético producido en el modo de recepción de la obra retroalimenta al sujeto creador de la misma lo que lleva a producir una arquitectura en función de la técnica y no una técnica en función de la arquitectura, una estetización de la técnica.

Existe un proceso de ilusión y des-ilusión estética. Las supuestas bondades de la virtualidad que nos abre la puerta a un horizonte casi infinito de posibilidades e información, en la arquitectura se plasma de manera diferente en su falta de profundidad e ilusión. Las pieles están ahí, reflejan y son pura apariencia, se dejan ver pero están para ocultar, hacen más evidente la ruptura entre sujeto y objeto, entre significado y significante. No son más que una imagen impuesta por el mercado, no hay representación, sólo presentación, pero vacía...

Todo esto no sólo provoca una disociación del hombre, distanciándolo aún más de su esencia, sino que al transformarse en un fin efectista y superficial se aleja profundamente a la técnica de su verdad (**aletheia**).

Sin embargo, también advertimos que existe un proceso de estetización de la técnica en la que con anterioridad denominamos arquitectura de la glocalidad. Existe el mismo peligro: quedar seducidos y fascinados (primero como arquitectos, quizás luego como usuarios), no por el valor de estas arquitecturas sino por su potencia como imágenes.

Desde la fascinación mediática, donde estas obras dejan de ser locales para convertirse en globales, pasan a formar parte del sistema o discurso del consumo, que tienen como valor de propaganda, de seducción y de venta, a la imagen. Insistimos, no es que creamos que la búsqueda de una sensibilidad de la fenomenológica visual de la arquitectura este mal en si misma, sino que el problema se origina cuando esa imagen oculta problemas importantes a ser conversados y discutidos por la sociedad.

El poder de las imágenes es tal que pueden estar juntas, por ejemplo en una página de divulgación de Internet, una arquitectura "hi-tech" con la obra más forzadamente "low-tech", pero sólo en cuanto imagen estético-tectónica, dejando ocultas cuestiones ideológicas que tienen que ver con la arquitectura.

Por supuesto que esta conjunción podría ser un potencial lugar para el debate, pero esto todavía no ocurre.

Ahora bien, este acento en el tema de la arquitectura del efecto y la imagen puede ocultar otros temas también importantes y quizás más necesarios y de urgentes desde el punto de vista social que la mera cuestión de la superficie. Si bien podemos decir que la superficie es la profundidad y que es donde se produce el contacto, el peligro es la superficie como imagen sin contacto o solo como un contacto de la virtualidad. Después de todo sólo con el contacto en la forma de la virtualidad (piel artificial) ¿no sería o es esto una profilaxis del contacto entre los humanos y de los humanos con la arquitectura?

Existe en la actualidad una preocupación de la disciplina por una arquitectura con diferentes niveles de aprehensión sensible del espacio y de la luz pero siguen ausentes del debate otras cuestiones de la configuración de la arquitectura contemporánea, más allá de la imagen. Es más importante el arquitecto de moda y las formas de moda, que las preguntas que podrían dar origen a una nueva etapa de la arquitectura

Este discurso real-virtual de liberación del mercado se extendió rápidamente a la arquitectura, haciendo de este discurso el propio. Este discurso entró, sin embargo en crisis con el acontecimiento inaugurante del siglo veintiuno, el 11-S. Ese hecho total, nos despertó del sueño de la virtualidad, pero solo por un instante. Rápidamente sobrevino la respuesta del hombre de la técnica moderna, que toma ahora la forma del hombre sumido en la virtualidad

Debemos preguntarnos: ¿qué tiene que ver esta relación entre la técnica, la arquitectura y la energía en este mundo globalizado?

Todo aparece, entonces como parte de una lógica del consumo y de un discurso del consumo, tanto de la energía como de las mercancías de la industria. Es el discurso sustentado en la valoración de la mercancía, del ente industrializado y del virtual digital, dentro del cual se encuentra también inmersa la arquitectura contemporánea. Cada edificio es en definitiva punto terminal y parte de un sistema que tiene como fin la producción y el consumo de la energía producto de la técnica. El hombre aparece como el receptor de esa energía.

¿Qué podemos hacer nosotros como arquitectos ante este panorama desalentador?

No se ve cómo podríamos renunciar a la técnica, es decir, a nuestra técnica, sustituyéndola por una cualitativamente distinta, mientras no cambie la organización de la naturaleza humana. Es necesaria una actitud alternativa frente a la naturaleza, pero de ahí no cabe deducir la idea de una nueva técnica. En lugar de tratar a la naturaleza como objeto de disposición posible, se la podría considerar como el interlocutor en una posible interacción. En vez de la naturaleza explotada cabe buscar a la naturaleza fraternal.

De la misma manera es necesario repensar la arquitectura como medio para una comunicación mas fluida con la naturaleza y con el hombre, que busque en la técnica la originalidad, pero no como novedad ni como objetivo, sino como origen. Que entienda que la transformación de la naturaleza tiene como consecuencia la del hombre y que las creaciones del hombre surgen de una totalidad social y a su vez, vuelven a ella.

Heidegger, en "Ser y Tiempo", dice "Podemos decir **sí** al inevitable uso de los objetos técnicos y podemos decirles **no** en la medida que rehusamos que nos requieran de modo tan exclusivo, que dobleguen, confundan y, finalmente, devasten nuestra esencia."

Ahora bien, ¿estamos a tiempo?, ¿existe un escenario posible para plantear un cambio tan radical? Difícilmente vislumbremos una alternativa posible desde el centro, en el ojo del huracán la serenidad es aparente, "...el centro del centro es la ausencia..." escribía hace pocos años un poeta y músico argentino. Probablemente la respuesta la encontremos desde la periferia devastada. Lo anticipaba Heidegger, parafraseando a Hölderlin: "... allí donde crece el peligro también crece lo que salva".

Bibliografía

ARISTÓTELES, "Poética", Editorial Porrúa, México, 1992.

ESTIÚ, Emilio. "La concepción platónico-aristotélica del arte: técnica e inspiración", Revista de Filosofía de Buenos Aires.

HABERMAS, Jürgen. "Ciencia y técnica como ideología". Tecnos, Madrid, 2007.

HEIDEGGER, Martin. "Ciencia y Técnica". Editorial Universitaria, Santiago, 1983.

————, "La pregunta por la técnica", traducción de Oscar Terán de "Die Frage nach der Technik". Vorträge und Aufsätze, Gunther Neske Pfullingen, 1954.

MAYZ VALLENILLA, Ernesto. "Fundamentos de la meta-técnica". Gedisa, Caracas, 1993.

MORALES, José Ricardo. "Arquitectónica". Biblioteca Nueva, Madrid, 1999.

VIRILIO, Paul. "Ciudad Pánico". Libros Del Zorzal, Buenos Aires, 2006.

————, "Estética de la desaparición". Anagrama, Barcelona, 1988.

Técnica y formación

Federico Eliaschev
ARQUITECTO. DOCENTE E INVESTIGADOR UBA- CENTRO POIESIS.

El presente artículo se propone indagar sobre el modo en que el saber técnico se incorpora en el acto de proyectar y qué vinculaciones existen entre el modo en que se piensa la dimensión técnica de la arquitectura y las técnicas o metodologías proyectuales.

El saber de la técnica en nuestras facultades se ha presentado en general como un compendio de verdades selladas, obturando el espacio para la innovación. Las cátedras vinculadas a la técnica se han esforzado en general por la transferencia a los alumnos de "tipos constructivos" y "estructurales". Han seguido en la mayoría de los casos, al pie de la letra, los tratados de construcción y estructuras, y el modo tradicional de construir. Estos tratados han conformado un corpus de saber sobre la base de conceptos científicos, cierta objetivación o racionalización de la tradición y la imperiosa necesidad de estandarizar la vida que surgió con la nueva objetividad a principios del siglo XX, pero nunca sus lógicas de utilización han superado a aquella de la Arquitectura Beaux Arts, que consistía en abrir el manual y elegir la moldura o el friso que mejor iba con el proyecto. Es evidente que esta actitud pseudo-ecléctica en relación a la técnica, en tanto plantea siempre un saber reproductivo, difícilmente esté en el camino de la producción de conocimiento.

Esta situación de la dimensión técnica en el ámbito universitario se debió en parte a un incompleto entendimiento del sentido de la dimensión técnica. O si preferimos, a la instalación de "una ideología de la técnica que en nuestro tiempo se ha vuelto la ideología dominante y a la que podríamos denominar tecnologismo".

Dice Heidegger respecto del sentido habitual de la técnica moderna:

1. "La técnica moderna es un **medio** imaginado y producido por el hombre, es decir un instrumento de realización, propuesto por el hombre..."

2. "En cuanto tal instrumento, la técnica moderna es la aplicación práctica de la ciencia natural moderna."

3. "La técnica industrial fundada en la ciencia moderna es una región particular de la civilización moderna"

4. "La técnica moderna es el desarrollo creciente, constante, gradual de las antiguas técnicas artesanales conforme las posibilidades ofrecidas por la civilización moderna."

5. "en cuanto instrumento humano así caracterizado la técnica moderna reclama ser puesta bajo control humano, que el hombre disponga de ella como su propio producto."[1]

Pero si bien todo esto posee exactitud, lejos está de constituirse en lo más propio de la noción de Técnica.

Según Heidegger, es preciso rastrear en su etimología algunas presiciones que el tiempo ha borrado.

La palabra "técnica" deriva del griego **tecnhikon**. Esto designaba aquello a lo que pertenecía la **tecnh** (techné). En la antigua lengua griega esta palabra significaba lo mismo que **episthmh** (episteme), es decir velar por una cosa, comprenderla. **Tecn**, (techné) quería decir conocer en "profundidad" una cosa, así como su producción. El sentido mas preciso era "conocerse en el producir".

Tecnh (tehné) para Heidegger **no era un concepto que remitía al hacer sino al saber hacer.**[2]

"Conocerse en el producir" implicaba la posibilidad de generar conocimiento a través del devenir técnico de un proyecto.

"La meditación Heideggeriana ha destacado que la techné encierra, primitivamente, el concepto de poiesis— que privilegia el momento creador— más próximo a la contemplación que a la acción:

---

1. HEIDEGGER, Martin. "Lenguaje de tradición y Lenguaje de Tradición", en Revista Artefacto N°1. Buenos Aires, 1996, p. 5.

2. Esta definición de Heidegger es en sí mima correcta, pero debe ser limitada en sus alcances, pues, para los griegos como veremos más adelante, la técnica era también elemento del arte (como su genero próximo) y designaba al mismo tiempo, las obras manuales en general.

Poiesis, poesía entendido como un renovado y amoroso asombro en relación del hombre con lo que lo rodea. La actitud de la técnica moderna es su antagonista...".[3]

En la medida en que el hombre es atravesado por la instrumentalidad de la técnica moderna el contacto con el saber se vuelve rutinario, es decir, éste acudirá compulsivamente a las mismas soluciones. En este sentido la técnica moderna funciona como un eficiente andamiaje que garantiza la acción, la producción, pero en tanto el contacto con el mundo esta siempre mediado por el **dispositivo**[4] técnico, el camino del "develar" esta vedado.

El estado de contemplación al que Shmucler apela supone una relación con la materia no mediada por las verdades constituidas que supone el manual, una relación dónde la desocultación de los comportamientos físico-químicos de los materiales pueda devenir en soluciones no estereotipadas.

"El ideal de verificación, la limitación del saber a lo comprobable culmina en el reproducir iterativo. Así ha surgido de la legalidad progresiva de la ciencia moderna, el universo íntegro de la planificación y la técnica. El problema de nuestra civilización y de los males que trae su tecnificación no consiste en carecer de una instancia intermedia adecuada entre el conocimiento y la aplicación práctica. Precisamente el modo de conocimiento de la ciencia es tal que imposibilita esa instancia. Ella misma es técnica."[5]

"(Ciencia)Desde luego manifiesta un pensamiento que (relaciona) el conocer con el cortar o fragmentar (scire, «saber», con su derivado scius, «que sabe», forman «ciencia» y «conciencia», y pueden asociarse a sciso, «informarse» o «intentar saber», cuyo sentido inicial debió de ser «decretar» y «cortar»). Así que, según esta manera de pensar, el hombre conoce separando y domina dividiendo."[6]

Pero el problema de una reflexión técnica que trascienda lo que simplemente es un tipo de disponibilidad tecnológica, tiene otro plano de análisis, y es que el saber técnico entendido como "techné", como "saber hacer", no se incorpora al proceso proyectual.

---

3. SHMUCLER, Héctor: "Apuntes sobre el tecnologismo y la voluntad de no querer", en Revista Artefacto N° 1, Buenos Aires, 1996, p. 2.
4. Esta idea de dispositivo es netamente foucaultiana.
5. GADAMER, Hans Georg. "Verdad y Método II". Sígueme, Salamanca, 1992, p. 54. Heidegger realiza un planteo similar en "Lenguaje de tradición y lenguaje técnico".
6. MORALES, José Ricardo. "Arquitectónica" Ed. Bibilioteca Nueva (Metrópoli), Madrid, 1999, p. 120.

La "techné" encierra como decía Schmucler la idea de "poiesis", es decir la idea producción, de fabricación de un objeto, y por ende lo corpóreo o material.

En este sentido el concepto de Técnica como saber Hacer es indisociable del de Tectónica, o como veremos luego, La tectónica es la "techné" de la arquitectura.

"El término tectónica, de origen griego, deriva de la palabra tekton (...) este último se relaciona con el taksan sánscrito, que se refiere a la habilidad técnica de la carpintería. El término griego ya aparece en homero aludiendo al arte de la construcción en general (...) La connotación poética del término aparece por primera vez en la obra de Safo, donde el tekton, el carpintero asume el papel de poeta."[7]

"La tectónica se convierte en el arte de unir cosas. "Arte" entendido como techné en todo su conjunto que indica tanto tectónica como ensamblaje, no sólo de las partes de un edificio, sino también de objetos e incluso obras de arte en su sentido más amplio."[8]

Manuel de Landa plantea la existencia dos filosofías distintas del diseño, dos teorías distintas respecto de la génesis de la forma (y entendamos esto a priori como dos modos en que el proyecto se hace presente o visible) que ejemplifican a grandes rasgos la situación de la proyectualidad en nuestra facultad.

"Una de ellas piensa en la forma como algo principalmente conceptual o cerebral, algo que debe generarse como pensamiento puro, al margen del caótico mundo de la materia y la energía, una vez concebido, a un diseño se le puede dar forma física limitándose a imponerlo sobre un sustrato material homogéneo obediente y receptivo a los deseos del diseñador. La postura opuesta la representaría una filosofía del diseño en la que los materiales no son meros receptáculos inertes para una forma cerebral impuesta desde el exterior, sino activos participantes en la génesis de la forma. Esto conlleva la existencia de materiales heterogéneos, con idiosincracias y propiedades variables que el diseñador debe respetar y hacer que formen parte de integral del proceso de diseño, por lo que se deduce no puede reducirse a una rutina."[9]

7. FRAMPTON, Kenneth. "Estudios sobre cultura tectónica: poéticas de la construcción en la arquitectura de los siglos XIX y XX. Akal Ediciones, Madrid, 1999.
8. BORBEIN, Adolf Heinrich. "Tektonik, zur Geschichte eines Begriffs der Archalogie" Archiv fur Begriffsgeschichte 26, Cita del libro de Kenneth Frampton, Estudios sobre cultura tectónica.
9. DE LANDA, Manuel. "Filosofías del Diseño - el caso de los programas de modelado", en Revista Verb Architecture. Actar, Barcelona, 2001, p. 130.

Quedan así planteadas dos posibles modos de proyectar o filosofías de diseño que se relacionan con la técnica.

Una Metodología **Cerebral o conceptual y otra Material o tectónica.**

Una metodología Material propiciará la aparición de la técnica como Saber Hacer.

Una metodología Material deberá orientarse fundamentalmente al trabajo de "unir" y "enlazar" los elementos constructivos de la arquitectura no sólo produciendo "composición" de elementos constructivos, sino accionando sobre los modos en que los materiales se unen entre sí para dar origen a nuevas configuraciones materiales.

Estas nuevas organizaciones materiales no poseerán solamente las condiciones de la "firmitas" vitruviana sino que construirán "sentido" produciendo nuevos imaginarios, y condicionando el habitar.

Podemos ver claro que en nuestra facultad a primado en general una metodología cerebral-conceptual, identificándonos con la tesis platónica de figura = idea.[10] Tesis dónde la concreción material del objeto arquitectónico parecería quedar de lado.

"...el ser y el haber de la arquitectura no se encuentran en abstracciones —espacio, medida, función—, sino que radican en un hacer. De manera que ninguna teoría arquitectónica puede tenerse por auténtica si en ella quedan omisas las condiciones productivas en que la arquitectura surge como obra."[11]

Esta metodología cerebral queda plasmada en muchos casos por lo que en nuestra facultad se denomina arquitectura de "partido", que supone la presencia de una idea "fuerte", "rectora", "sintética" que tiene la función de actuar como motor de arranque proyectual y que intenta prefigurar una imagen a priori.

"El punto de partida planteado por el partido, se convierte en fundamento, no se trata de un comienzo sino más bien de un origen. Un origen es un pensamiento que si uno supiera deducirlo ya contiene todo el desarrollo posterior (...) el partido no era sólo el punto de partido sino también el de llegada."[12]

La lógica del partido en tanto "deductiva", opera en sintonía con la lógica de la ciencia moderna que como vimos en Gadamer era indisociable de la técnica Moderna, y en cuanto tal puede producir "certezas" pero no "verdades". Esto le permitió como dice Sztulwark plantear la utópica idea de un mundo que puede verse como coherente.

---

10. Tras la enseñanza de Platón, la forma es el "eidos", la idea o esencia invisible de un objeto.

11. MORALES, José Ricardo. "Arquitectónica" Ed. Bibilioteca Nueva (Metrópoli), Madrid, 1999, p. 130.

12. SZTULWARK, Pablo; LEWCOWICK, Ignacio. "Arquitectura plus de sentido". CP67, Buenos Aires, 2002.

La "idea de partido" tiene como origen la palabra **"partí"**, término que los tratadistas Beaux Arts utilizaron para romper con el concepto de tipo y remplazarlo por una concepción estrictamente geométrica — formal y en consecuencia mas abstracta, en concordancia con la nueva noción de armonía.

Dice Ignasi de Sola Morales:

"En la estrategia del proyecto Beaux-Arts se produce un progresivo desplazamiento de la noción de tipo, hacia la versatilidad y flexibilidad del "partí", con todo lo que esto supone de combinatoria abierta, de esquematismo formal y de regla abstracta de composición."[13]

A diferencia de la "antigua" noción de mímesis que instaba a la copia del referente, Quatremère de Quincy proponía no sólo la imitación de "modelos materiales concretos", sino también la imitación de lo que él llamó la "imitación general de la naturaleza".

Esto suponía la utilización en el proyecto de una "preceptiva" abstracta que garantizaba la eficacia estética de la arquitectura y sus nuevos programas.

Esta paulatina evolución hacia la abstracción que puede verse dentro de la arquitectura Beaux-Arts y que guarda relación con la validez universal que en Kant tenía el juicio del gusto, es también el preludio de las teorías visibilistas y formalistas que darán sustento a la arquitectura del movimiento moderno. Es aquí, dónde la adopción del **"partí"** por parte de gran parte de nuestra facultad cobra sentido, en relación a la posible standardización de esquemas formales en línea con el reproducir iterativo denunciado por Gadamer. Pero el **"partí"** tenía otros usos posibles, porque en tanto, representaba la solución de la complejidad de un problema a través de organizaciones formales sumamente sintéticas sirvió perfectamente al aluvión de concursos que entre 1950 y 1980 tuvieron lugar en Argentina. Esto sumado al afán posmoderno de significación que en la argentina adoptó la modalidad de interrumpir el fluir perceptivo con operaciones formales "contundentes".

En muchos casos la idea de partido instaló un stock permanente de ideas formales, que en la jerga facultativa se nomenclaron con letras. (Partido en "L" el "H" en "E" o peine etc.)

Y en otros, modalidad más creativa o expresiva, ideas formales "contundentes" que hacen pie en lo significativo de la forma produciendo exquisitas metáforas.

Son pocas las cátedras que plantean el proceso de diseño desde fines disciplinares concretos, transmisibles, discutibles, y dónde es posible ir encontrando ideas centrales en el camino.

---

13. SOLÁ MORALES, Ignasi de. "Inscripciones", Gustavo Gili, Barcelona, 2003, p. 40.

Una enseñanza del proyecto con clara orientación idealista sólo propicia la "selección natural" de talentos y "genios" en vez de transmitir —enseñar-ejercitar— habilidades y destrezas, "el oficio del arquitecto" como a algunos les gusta decir.

Además de constituir la techné, "el saber hacer" de la poiesis, tal como indicaba Heidegger, technés eran en la antigua Grecia las "artes". Las artes eran los oficios practicados por artesanos como los escultores en piedra o en madera, los pintores, los ceramistas, los músicos, los astrónomos, los carpinteros, etc.

Dice Félix de Azúa:

"La separación entre técnicas y artes obedece tan sólo a una exploración de los dos últimos siglos. Nada, separa en su esencia, a las artes de las Técnicas."[14]

El ARTE (bellas artes) es un concepto nivelador de todas las manifestaciones artísticas y pretende la unidad esencial de las artes en un solo Arte donde el pensamiento pueda tutelar y domesticar la producción artística. El Arte entendido de este modo no es sino una copia de la Idea, pretensión filosófica desde platón. Sólo el "artista" "inspirado" es capaz de producir Arte.

"Es evidente que si el arte (o la arquitectura) consiste en la proyección espiritual de un genio y en la expresión de sus ideas, entonces no hay aprendizaje ni enseñanza posible. De ahí que a partir del siglo XVII los artistas modernos trabajen en la más altiva soledad y si les sale un discípulo lo denuncien a la Sociedad de Derechos de Autor para que los encarcelen por plagio."[15]

Es preciso entender que si replanteamos la enseñanza de la técnica en nuestra facultad, revisamos el modo en el que se ha enseñado a proyectar y repensamos la manera de incorporar el saber hacer de la arquitectura desde los comienzos del proceso proyectual, como parte indivisible de ese proceso, un nuevo campo para la innovación se abrirá no solo para la disciplina, sino también para la enseñanza.

14. DE AZÚA, Félix. "Diccionario de la Artes", Planeta, Buenos Aires, 1995, p. 48.15. Azúa, Félix de: op. cit.
15. DE AZÚA, Félix, op. cit.

La entrevista profesional como técnica proyectual

Víctor Álvarez Rea

ARQUITECTO. PSICÓLOGO SOCIAL. DOCENTE E INVESTIGADOR FADU-UBA.

> "En el nombre del cliente[1]..."

> "En el principio creó Dios los Cielos y la Tierra.
> Y Dios vio que estaba bien.
> El verde de los árboles, la altura de las montañas,
> el croar de las ranas. Todo era armonía.
> Y entonces Dios creó el primer mostrador...
> y una hueste de clientes surgió de las tinieblas.
> Y Dios calló, y el mundo ya nunca fue el mismo." [2]

1. Iluminación

De pronto un día descubriste que para profesar como arquitecto tenías que comunicarte con otra persona. Nada del otro mundo. Escucharla. Entenderla. Algo que hasta ese momento no lo tenías en cuenta en el universo de las herramientas con las que pretendías embarcarte en el fascinante mundo de la arquitectura. Y que para ello, no te alcanzaban ni tu fantástica capacidad discursiva ni tus dotes de especialista en relaciones públicas (RRPP).

Un día cualquiera en que caíste en la cuenta que con lo que contabas no era suficiente. Te faltaba conocer otra cosa para poder entender un poco más de qué trata el mundo de la arquitectura, de los arquitectos y de los clientes. Y nadie te la dijo. Nadie se acercó y te susurró sobre el tema. Vos te diste cuenta solo.

---

1. Cliente: (Del lat. cliens, -entis) 1. com. Persona que utiliza con asiduidad los servicios de un profesional o empresa; 2. com. parroquiano (persona que acostumbra a ir a una misma tienda); 3. com. Persona que está bajo la protección o tutela de otra. Diccionario de la lengua española - Vigésima segunda edición. Real Academia Española.

2. <http://elclientenuncatienelarazon.blogspot.com/2007/04/la-historia-sin-fin.html>.

Y con gran asombro y miedo sentiste que estabas expuesto, empuñando tu lápiz —o el **mouse**— cual espada temerosa, con el rollo del título en la otra mano a manera de escudo, y desamparado, absolutamente desamparado.

Y ahora que lo sabes, que has sido iluminado, no podes evitar el tema. Se te hace presente en cada momento. Te diste cuenta lo poco que conocías sobre cómo entender al destinatario de la disciplina que te tituló de arquitecto. Que ese Otro nunca había estado en tu círculo de simpatías. Y que tampoco se había nombrado la palabra cliente dentro de la facultad, porque nombrarla provocaba visibles molestias entre los habitantes de la estirpe universitaria.

Un pequeño accidente en la vida de los arquitectos que, en la mayoría de los casos, va quedando oculto por las miles de "ventanas" que abrimos por encima del tema y que son absolutamente más importantes. Documentos de Word con presupuestos, archivos .dwg con los dibujos técnicos de cada proyecto, planillas de Excel con los números de las obras que llevamos adelante...

De todas formas este incidente se hace oír tarde o temprano. Y produce un efecto dominó sobre las otras ventanas, que se ven afectadas inexorablemente.

Se inicia entre dos personas pero crece como una avalancha. Uno dibuja, dice, hace o escribe una cosa, y el otro entiende otra. Así de fácil. Y de complicado. Este es el principio. El comienzo del conflicto.

¿Y por qué ocurre esto? Los motivos son diversos y han sido estudiados desde siempre por las ciencias sociales. Aunque hay un dato clave que tenemos que tener en cuenta y que requiere de una preparación previa a tomar contacto con los clientes: en las relaciones humanas existen —en términos lacanianos— aspectos **simbólicos**: lo que se puede medir, pesar, lo que es tangible y no discutible (una mesa de madera de 1,20m × 0,80m), y aspectos **imaginarios** (una mesa grande, cómoda y liviana que convoque a la reunión), donde estos últimos son interpretables.

Desde el Renacimiento, y a partir del episodio que protagonizó Brunelleschi con su intervención profesional en el proyecto y la dirección de la obra de la cúpula de Santa María dei Fiori hasta la actualidad, el cliente ha ocupado un lugar de imprescindible necesidad en el escenario de la arquitectura de Occidente.

2. Conceptos

La concepción occidental contemporánea de la técnica no se ha apartado mucho de la constelación de significados del término griego. "La técnica es así la puesta en práctica de un saber; en tanto se distinga ese saber como tal; en tanto que, también, no tome en consideración los fines últimos de la actividad de la que se trata..."[3]

La entrevista profesional es una técnica de investigación, en tanto técnica tiene sus propios procedimientos o reglas empíricas con los cuales no solo se amplía y se verifica el conocimiento científico, sino que al mismo tiempo se lo aplica.[4]

El término entrevista alude ya por sí mismo a un proceso de interacción, entrevistar, por su etimología viene de 'inter': entre y 'visto(a)', que a su vez se deriva de 'vis(i)tum' y que tiene conexión tanto con las acciones de ver como con las de visitar. Podríamos decir que entrevistar es un «ver entre dos» o un "visitar para interaccionar".[5]

A través de la técnica de la entrevista confluyen las necesidades prácticas y la ciencia.

A la entrevista profesional podemos pensarla como la intervención en un campo determinado, es decir que entre los participantes se estructura una relación de la cual depende todo lo que en ella acontece, y, en consonancia al planteo de Enrique Pichon Rivière que toma del estratega de guerra Carl Clausewitz[6] sus nociones de logística, estrategia, táctica y técnica, como el escenario de una guerra imaginaria, un enfrentamiento de fuerzas donde una parte lucha por disolver estereotipos, por dar lugar a planteos instituyentes para resignificar los acontecimientos planteando cambios y nuevas aperturas que intenten superar la situación existente; y la otra parte sostiene discursos que representan la resistencia al cambio, la persistencia de modos de pensar, sentir y hacer anacrónicos que constituyen la permanencia de lo instituido. Estas dos fuerzas siempre están en juego y oscilan permanentemente entre los actores de este tipo de escenas.

En este contexto el error es creer que el cliente es el factor hostil, el enemigo. Es más beneficioso sostener que arquitecto y cliente están del mismo lado y, en todo caso, las ideas extemporáneas, los pensamientos que no están conectados con el aquí y ahora, son los rivales a enfrentar. Estos no

---

3. CASTORIADIS, Cornelius: "Técnica". Revista Artefacto # 5, Pensamientos sobre la Técnica. Buenos Aires, verano 2003-2004, p.53.

4. BLEGER, José: "Temas de psicología (entrevista y grupos)". Nueva Visión, Buenos Aires, 2007.

5. RUIZ MARTÍN DEL CAMPO, Emma: "La entrevista como encuentro de subjetividades", <http://sisbib. unmsm.edu.pe/BibVirtualData/publicaciones/inv_sociales/N13_2004/a20.pdf>.

6. Carl von Clausewitz (1780-1831): Militar prusiano, uno de los más influyentes historiadores y teóricos de la ciencia militar moderna. Su tratado De la guerra, aborda en ocho volúmenes un análisis sobre los conflictos armados, desde su planteamiento y motivaciones hasta su ejecución, abarcando comentarios sobre táctica, estrategia e incluso filosofía. Sus obras influyeron de forma decisiva en el desarrollo de la ciencia militar occidental, y se enseñan en las academias militares del mundo como en cursos avanzados de gestión empresarial y marketing.

siempre están del lado del cliente. En ocasiones ciertas ideas arquitectónicas obsoletas rondan en el imaginario de los arquitectos e inciden en decisiones proyectuales de la misma forma que cuando un cliente pide "la casita del bosque de Heidi" o el chalet de estilo Tudor.

Así como en psicología existe un supuesto base en la entrevista, y es que "cada ser humano tiene organizada **una** historia de su vida y **un** esquema de su presente, y de esta historia y de este esquema tenemos que deducir lo que no sabe",[7] en una entrevista entre arquitecto y cliente se está sosteniendo, no siempre inconcientemente, la hipótesis que el cliente no sabe, ni de arquitectura ni de diseño, ni de cómo tiene que vivir. Postura ideológica cercana al concepto de **tabula rasa** que ha predominado en la educación en los últimos 100 años. En donde el arquitecto le donará sentido a su existencia y le otorgará el beneficio de tomar contacto con la estética, el orden y la belleza. Demasiadas exigencias a priori, para los arquitectos, que son inútiles e innecesarias, y demasiados límites para los clientes. Este escenario está proponiendo un monólogo más que un diálogo para la primera entrevista. En ese sentido, sostenemos que la experiencia sobre su forma de habitar y los conocimientos que tiene sobre los distintos hábitats que ha experimentado son los datos a relevar con el cliente, pero estos no son suficientes para realizar una arquitectura que revele, que dé cuenta la forma de vida de ese cliente y el tiempo histórico en el cual vive. A partir de allí, la traducción de ese material a arquitectura es el desafío y el compromiso social del arquitecto, su **know how.**[8] Dentro de este ir y venir entre ideas y formas no se debe dejar clausurada la puerta de la discusión sobre la estética del producto final. En este punto, una tarea imprescindible del arquitecto es explicar y abrir los significados de los términos y conceptos que se originan a raíz de esos temas que están culturalmente fijados en los discursos cotidianos pero, muchas veces, vacíos de sentido. Establecer una comunicación fluida es necesario para encausar las ideas que lleven a buen puerto el proyecto elegido.

Existen incontables experiencias sobre el tema en las cuales el cliente hace lo que quiere y el proyecto termina siendo un **collage** de situaciones inconexas que hacen perder el sentido o fin último que ese proyecto sostenía.

Paralelamente, lo que no aparece explícitamente emerge a través de comportamientos no verbales. En términos arquitectónicos esto lo relacionamos con los espacios que el cliente utilizó y utiliza actualmente. Son datos

---

7. BLEGER, José: op. cit., p. 17.

8. know how: (del inglés saber-cómo) es una forma de transferencia de tecnología. Aunque se traduce literalmente por "saber-cómo" o "saber hacer". El término está relacionado a los conocimientos prácticos, técnicas o criterios que han sido utilizados en la elaboración o diseño de un proyecto y que se pueden reutilizar al momento de realizar otros proyectos similares o de afinidad al mismo. Otra manera de definir "know how" es como las habilidades y aptitudes particulares distintivas para desempeñar una labor específica.

disponibles —no verbales— que nos informan sobre su historia, sus gustos, preferencias, elecciones estéticas, climas espaciales, etc.

En el campo de la profesión la entrevista profesional al cliente es un momento fundante del proyecto. Es el inicio de un camino proyectual que determinará, de acuerdo a la forma de transitarlo, cómo será la huella de la relación que emprenderán arquitecto y cliente. Es una instancia de base que hay que conocer cómo recorrerla para develar los elementos indispensables que permitan —en términos de la Investigación Proyectual—[9] proyectar los Programas Complejos. La entrevista es el primer paso, la primera escala técnica del proceso proyectual.

José Bleger amplía esta idea cuando dice la entrevista "logra la aplicación de conocimientos científicos y al mismo tiempo obtiene y posibilita llevar la vida diaria del ser humano al nivel del conocimiento y la elaboración científica".[10]

Para profundizaren este tema dentro de la disciplina de la arquitectura se necesita entender al individuo destinatario de sus productos, en tanto operador social que experimenta transformaciones que tienen incidencia directa en los productos arquitectónicos. Cómo poder pensarlo desde la propia disciplina. La cuestión del cliente como parte del dispositivo proyectual debe estar en el universo de temas de los arquitectos.

No creemos que exista una sistematicidad exclusiva respecto de estos temas, pero trabajar con la intención puesta en ese rumbo obliga a revisar estereotipos e imaginarios que puedan estar conspirando en los vínculos entre profesionales y clientes. Esto no significa que no haya arquitectos que tengan las mejores intenciones para con el cliente y que intentan dar respuestas ajustadas a las necesidades de los mismos, sino que el trabajo proyectual comprende, desde la mirada de los investigadores proyectuales, la incorporación del cliente como una herramienta del proyecto. Un aporte que signará el hacer proyectual en pos de cumplir con la pregunta por el sentido de lo que los arquitectos son en esta sociedad del siglo XXI.

La primera entrevista en psicología tiene una abundante bibliografía que denota la importancia que los profesionales de esa disciplina le otorgan a ese primer encuentro. Según Mannoni[11] en la primera consulta con el terapeuta se origina una compleja trama de interrogantes y expectativas cruzadas tanto en el paciente como en el profesional. Y se cuestiona: ¿Qué percibe el psicoanalista en este primer contacto? Pregunta que, seguramente cada arquitecto se ha hecho luego de conocer a un cliente pero que en muchos casos

9. SARQUIS, Jorge: Itinerarios del proyecto 1 - Ficción epistemológica. Nobuko, Buenos Aires, 2003.
10. BLEGER, José: op. cit., p. 9.
11. MANNONI, Maud: "La primera entrevista con el psicoanalista". Gedisa, Buenos Aires, 2001.

no se reflexiona a posteriori para poder utilizar las respuestas en beneficio de la relación y, en definitiva, del producto arquitectónico.

Vamos a plantear algunas técnicas en relación al abordaje de la entrevista de un arquitecto con un cliente desde un lugar históricamente ajeno al campo disciplinar de la arquitectura, pero entendiendo a las mismas como instrumentos del trabajo proyectual. Son herramientas que intentan aclarar y ampliar la mirada del arquitecto ante ese tema, un esquema a tener en cuenta. No queremos diseñar un método taxativo porque entendemos que ese tipo de miradas respecto del tema obtura otras posibles que, con la serie de herramientas cada uno puede adaptarlas e ir incorporando en la medida de sus propias posibilidades.

La **estrategia** la definimos como el marco teórico desde donde el profesional piensa y actúa, la planificación direccionada hacia el fin propuesto.

El planteo por donde se va a desarrollar la reunión tiene que estar presentado por el arquitecto. Esto debería provocarse desde el primer contacto con el cliente, pues de esa forma se sientan las bases de lo que serán las reuniones posteriores. Para ello el arquitecto tiene que tener una estrategia de trabajo previa, pautas claras mediante las cuales abordar el mismo. Tomar la iniciativa con una meta precisa, que puede tener caminos alternativos pero que en definitiva se llegue a un punto prefijado, la obtención de todos los datos necesarios para comprender la dimensión del trabajo, recabar opiniones de todos los usuarios. Esto ayuda no sólo al arquitecto sino también al cliente, pues se siente guiado por un profesional.

La **logística** como la elección adecuada de los elementos con que se cuenta para realizar esa tarea. La evaluación del poderío propio y el del otro. En términos técnicos sería que el arquitecto pueda evaluar qué recursos humanos, profesionales, económicos, técnicos tiene y cuáles son los obstáculos que se le presentan o podrían presentársele. Los clientes serán más resistentes a los cambios cuanto más tengan para perder (riqueza económica, privilegios, posición simbólica, etc.). Los proyectos innovadores serán más fácilmente aceptados en circunstancias donde tienen poco o nada que perder.

En función de un análisis de este recurso del proceso proyectual podemos establecer algunas instancias sobre el tema.

El contacto con el cliente tiene sus propias reglas de juego, y aquí el concepto de encuadre, los vínculos, el contrato y los miedos básicos, son elementos a considerar.

La noción de **encuadre**, la consideramos como una táctica que fija algunos elementos de la realidad compleja que está en permanente movimiento y que permiten tomarlos como parámetros o constantes[12] para su

---

12. DUFFAU, Pedro: "Constantes del encuadre en psicología social". Clase en E.P.S.S., 1987.

posterior análisis. Las **constantes definitorias** son el cuerpo teórico desde el cual leemos la realidad, la recortamos, la significamos y desde donde vamos a operar. Las **constantes funcionales** comprende a los objetivos, los roles prescriptos (arquitecto, cliente, comitente), las tareas prescriptas, las reglas de funcionamiento (honorarios, formas de pago, etc.). Las **constantes temporales** son los horarios de los encuentros pactados, la duración de los mismos, la frecuencia que tendrán, todo esto tiene que estar en función de los objetivos. Las **constantes espaciales** tienen que ver con el lugar de la entrevista, la ubicación, la distancia, las características de ese lugar. Las **constantes vinculares** entre los roles prescriptos, van a permitir y sostener determinados fenómenos y no otros. Luego están las **constantes personales**, que explica que el arquitecto tiene variaciones en su interacción con los otros según el lugar en que se mueve, pero hay una permanencia de la personalidad del individuo. Podemos encontrar límites en nuestro encuadre personal (actitudes, estilo, etc.), o en aquello que no cambia (forma de abordar la tarea, etc.). Todas estas constantes organizan y limitan.

El encuadre sería la articulación de estas constantes. Tenerlo presente ayuda al arquitecto porque es sostén de la tarea, y también ayuda al cliente porque se siente sostenido en el proceso.

Toda ruptura del encuadre tiene que ser reestablecida, desde lo formal y desde la lectura que se haga sobre lo ocurrido que hizo que se rompiera.

El cambio de encuadre se debe dar por una necesidad estratégica.

Dentro de las constantes espaciales, el **espacio físico** para desarrollar las entrevistas y comenzar a establecer el vínculo con el cliente tiene su importancia por varias razones. Por un lado esas primeras charlas son de apertura por parte del cliente (y del arquitecto) ya que se habla sobre costumbres, intimidades acerca del uso del espacio, etc. Y si la persona se encuentra en un espacio conocido (su casa, su lugar de trabajo) se va a sentir más cómoda y dispuesta para la charla que si tiene que estar en el estudio del arquitecto. Por otro lado el estar en el lugar del cliente permite observar cómo vive o trabaja, cuáles son sus gustos, por qué objetos se interesa, y determinados aspectos de la vida de una persona que en una charla no se manifiestan pero que están incorporados al espacio en que vive. Es posible que, por no tener experiencia de contacto con clientes o por características de su personalidad, el arquitecto necesite estar en su propio espacio para sentirse más cómodo y dominador de la situación. Esto puede ser beneficioso pero hay que tener en cuenta que una buena posibilidad que abre perspectivas es acercarse a los lugares del Otro para poder tener una multiplicidad de miradas sobre el hábitat y el habitar del cliente.

La noción de **vínculo** es instrumental en la psicología social, determina una estructura y es manejable operacionalmente. Se define al vínculo como una estructura compleja que incluye un sujeto, un objeto (otro sujeto), su interacción y procesos de comunicación y aprendizaje.[13] Comunicación y aprendizaje porque en todo vínculo hay un emisor y un receptor y el intercambio de la interacción significa una modificación mutua y la incorporación de nuevos aprendizajes. Vínculo implica interacción, una relación dialéctica entre sujeto y objeto, un movimiento en ambas direcciones. El vínculo es una relación bicorporal y tripersonal. Emisor-transmisor-receptor. Es una relación de dos, y de un tercero (no físico, sino como presencia en el interjuego de las relaciones), que oficia como ruido. Ejemplo: comunicación telefónica. Surge la necesidad de códigos que traspasen esa dificultad. En este aspecto tenemos que entender que el cliente necesita ser escuchado en sus necesidades. Está cargado de datos —ideas, imágenes, precios, materiales—, expectativas y ansiedades que necesita contar, transmitir.

Las **ansiedades** o **miedos básicos** es un concepto trabajado por Enrique Pichon Rivière que habla de las vivencias que se instalan en las personas ante la posibilidad de cambio. Las ansiedades depresivas (de pérdida) y paranoides (de ataque), conducen a la simultaneidad del dolor y la ira, del dolor y la hostilidad.[14] Sobre este modelo de simultaneidad de vivencias podría elaborarse más tarde la situación de ambivalencia como coexistencia de amorodio. Vivencia de pérdida (duelo) de lo que se tiene, y de ataque de lo nuevo que se le presenta.

En la entrevista estas ansiedades están en juego, porque una intervención arquitectónica, ya sea una nueva casa o una modificación de los espacios existentes, provoca movilizaciones y es disparadora de las mismas por lo que representa para el ser humano el hábitat en relación a su persona.

Pero también el cliente, en esta interacción, provoca replanteos y preguntas en el arquitecto de las que el profesional no siempre es conciente. Algunas veces queda atrapado en el discurso del otro. El arquitecto se interna en la intimidad de los integrantes y, en su tarea existe una promesa implícita: que él les va a modificar la vida, les va a presentar alternativas de comportamiento en una nueva distribución espacial. "La fantasía que al diseñarles la casa le resolverá todos sus problemas o se les van a realizar todos sus deseos".[15]

Es importante el análisis de los procesos transferenciales,[16] porque si bien en el hacer del arquitecto subyace esa promesa, es fundamental descifrar

---

13. PICHON-RIVIERE, Enrique: "Vínculo". Clase dictada en la 1º Escuela Privada de Psicología Social el 27 de mayo de 1975.

14. QUIROGA, Ana P. de: "Proceso de constitución del mundo interno". Ediciones Cinco, p. 88.

15. SARQUIS, Jorge: "Espacio familiar Inconsciente". Curso FADU-UBA, Buenos Aires, 1986.

16. Transferencia: designa, en psicoanálisis, el proceso en virtud del cual los deseos inconscientes se actualizan sobre ciertos objetos, dentro de un determinado tipo de relación establecida con ellos y, de un modo especial, dentro de la relación analítica. Diccionario de Psicoanálisis, J. Laplanche, J. B. Pontalis, dirección de D. Lagache.

el rol que se le adjudica en este proceso transferencial, en tanto que el rol adjudicado por el otro no debería jugarlo, sino asumirlo y tomarlo como una herramienta más de trabajo del vínculo profesional. Poder contener este proceso tiene que ver con preservar la actitud profesional.

También es de suma importancia indagar qué aspecto de la realidad esta desencadenando el proceso transferencial, qué se juega en las personas, en las actitudes, que lleva a reeditar, a revivir. Desarrollar este análisis permite discriminar lo interno de lo externo, lo viejo de lo nuevo, y abre posibilidades de aprendizaje. Es decir, se instaura un proceso instrumental.

3. Técnicas. Herramientas

■ La entrevista propiamente dicha

Contiene técnicas de abordaje adecuadas y ordenadas en función de la práctica disciplinar de la arquitectura.

■ La apertura

Como el primer momento de la entrevista en donde hay que tener en claro la estrategia de acción, que movimientos tengo preparados para agilizar el encuentro y proponer ejercicios que despierten la opinión y la reflexión del cliente sobre su forma de vida y de habitar. El "emergente de apertura"[17] es aquella primer situación significativa (verbal o no verbal) que le permite, en este caso al arquitecto, hacer una hipótesis acerca del acontecer latente de la persona o grupo de personas que están participando de la entrevista que ha comenzado a desarrollarse.

■ El desarrollo

Los puntos de atención, tensión y distensión. La atención flotante. Pichon Rivière habla de la observación como un método universal para la operación psicológica, que es una buena herramienta a utilizar en la entrevista de arquitectura. "Esto se combina con una escucha más libre que Freud llamó atención flotante, que no privilegia a priori ningún elemento del discurso del sujeto de la operación psicológica".[18]

■ El discurso disciplinar y el discurso del cliente

Estar atento a decodificar el discurso específico del arquitecto para lograr una comunicación fluida, interesante y amena. Muchas veces, por

---

17. Emergente de apertura es un concepto de Enrique Pichon Rivière. Ver artículo en: BERSTEIN, Marcos: "Apertura a nivel grupal", Revista Clínica y Análisis grupal Nº 21. Fundamentos, Madrid, 1980.
18. QUIROGA, Ana P. de: "Operación y Actitud Psicológica", clases de 3º y 5º año, 1982/1984, Ediciones Cinco.

diferentes razones, los clientes no preguntan sobre algo que no entendieron o, algunos términos del lenguaje arquitectónico tienen diferentes acepciones en otros ámbitos. Por ejemplo, la palabra **proyectar** que en lenguaje de los arquitectos es muy utilizada, en psicología se entiende como depositar en la otra persona cuestiones de uno mismo.

▪ Las primeras conclusiones

Establecer un sistema de resúmenes escritos que permitan un registro de lo ocurrido en la entrevista, intentando no perder algunas situaciones que podrían ser valiosas para el proyecto.

▪ El cierre

Como el último momento es una instancia que desarrolla sus leyes propias, necesarias de conocer para entender los mecanismos que se despliegan durante el desarrollo de una entrevista. El cierre puede ser tomado como una **nueva apertura** ya que suelen dispararse, en esos últimos momentos, las situaciones más interesantes desde el punto de vista de la información que circuló durante el encuentro. Mantener la atención en este tipo de instancias puede ayudar a captar deseos ocultos y/o reprimidos por el cliente que surgen cuando se precipita el final del encuentro. Un ejemplo de esto se dio en el marco de un grupo de investigación sobre "El Espacio Familiar Inconsciente", dirigido por Isidoro Berenstein y Jorge Sarquis. Se habían seleccionado algunos potenciales clientes de arquitectos para realizarles una entrevista "como si" necesitaran una intervención profesional. Durante esa experiencia, Alejandro Sánchez, uno de los arquitectos del grupo —al observar unos muñecos que le llamaron la atención porque tenían unos sombreros muy particulares con flecos que les ocultaban las caras y que estaban como adornos en el hall de entrada a la casa—, comenzó con una serie de preguntas que fueron los disparadores de una charla con el cliente cuando el arquitecto se estaba despidiendo sobre el final de la primera entrevista. Esta situación fue tomada por este integrante y originó el motor de arranque para que su proyecto se organizara a partir de los datos obtenidos de esa charla —aparentemente informal y off de record— y que fuera finalmente el proyecto que terminó de aceptar ese potencial cliente.

▪ La pregunta y la re-pregunta

Son dispositivos imprescindibles en una entrevista ya que dejan de ser fortuitas o inocentes para transformarse en herramientas que permiten desplegar los conceptos del discurso que de otra manera pueden dar lugar a sobreentendidos. La pregunta exige una direccionalidad intencionada para develar (quitar el velo, descubrir) el discurso del cliente. No para dejarlo en evidencia de sus carencias, sino para poder decodificarlo y entender su intencionalidad.

En ese sentido la escucha posterior a la pregunta es un espacio necesario de ejercitar porque va a permitir por un lado la posibilidad de formular nuevas preguntas (re-preguntar) que amplíen conceptos que se expresaron en la charla, y por el otro la percepción por parte del cliente de un espacio contenedor y de comunicación que favorecerá el vínculo.

La base de la entrevista es la re-pregunta: el espacio de reflexión que se debe crear con una nueva pregunta para ampliar algún concepto que se dijo y que quedó sobre-entendido en la respuesta a la pregunta anterior. Por ejemplo, ante el enunciado del cliente: "Quiero un espacio cálido", algunas re-preguntas posibles serían: ¿qué significa calidez para esa persona?, ¿calidez relacionada con la temperatura que debería tener ese lugar, o de sensación visual por lo que transmiten algunos materiales para esa persona?, ¿cálido como con qué ejemplo podría el cliente ampliar?, ¿qué imágenes se le disparan al cliente cuando pronuncia esa frase?, ¿con qué situaciones vividas relaciona el concepto de calidez?

▪ El factor C

Existe un momento de la entrevista donde se puede percibir que el cliente empieza a depositar su confianza en el arquitecto. Podríamos decir que la actitud profesional, las argumentaciones, los conceptos, las respuestas e ideas del arquitecto comienzan a tener una determinación en la conversación que inducen, inclinan el factor confianza hacia el lado del profesional. A partir de ese momento existe una masa crítica[19] que permite una calidad diferente en la comunicación. El concepto de "masa crítica" se usa aquí con doble sentido. Hace referencia, por una parte, a la capacidad crítica de los individuos que la forman y, por otra, según un concepto usado por las Ciencias Físicas, a la masa mínima necesaria, en un proceso de fisión nuclear, para que dicha fisión se produzca. Tener ese registro es operativo porque, a partir de allí, es cuando determinadas ideas que, en un primer momento podrían ser rechazadas, tienen un campo fértil de escucha. Esto no quiere decir que sean aceptadas incondicionalmente, sino que la lógica conceptual desplegada por el arquitecto y que hasta ese momento el cliente está escuchando, a partir de ese punto, tiene un entorno positivo, un medio favorable para ser expuesta y analizada. Un espacio donde se abren las posibilidades de escuchar y allí el Otro juega a meterse en el mundo de las nuevas ideas propuestas por el arquitecto y también propone otras que, dentro de ese juego, son alimentadoras del proyecto.

---

19. Por paralelismo con el concepto físico de masa crítica, en sociología se define como masa crítica de un fenómeno el número de individuos involucrados a partir del cual dicho fenómeno adquiere una dinámica propia que le permite sostenerse y crecer por sí mismo.

En ciertas situaciones el **factor C** puede darse solo en alguno de los integrantes y en otros no. Pero, siendo así, también sabremos quién es un interlocutor adecuado para que escuche las nuevas ideas y se transforme en vocero e intérprete de esos conceptos hacia los demás.

De acuerdo a nuestra mirada lo que estructura la relación con el cliente es el proyecto de arquitectura y, dentro del proyecto, las **formas de vida** de las personas.

Hay varios aspectos de la vida de las personas que interjuegan en la relación profesional-cliente. Situaciones que tienen que ver con el proyecto y situaciones que se depositan en él como mecanismos (de defensa, ataque, etc.).

La actitud profesional es un elemento más de soporte para el arquitecto. Un eje o guía que ayuda a sostener el vínculo de esa relación profesional entre arquitecto y cliente. Esto sería: el arquitecto es un prestador de servicios, pero no es el que tiene todas las respuestas inmediatamente. No es un ente solucionador de cosas. Es un profesional que evalúa lo dicho por el cliente, lo contrasta con elementos técnicos y materiales, y propone distintas resoluciones. Es ideal presentar más de una resolución pues esto permite la posibilidad de pensar que no hay un solo camino, y habitualmente se integran partes de las propuestas presentadas logrando una variante superadora de las anteriores. Pero estas resoluciones siempre deberían proponerse luego de hacer una evaluación de todas las variables que comprenden el proyecto. No es conveniente aportar "ideas arquitectónicas" en una primera entrevista, cuando todavía no se conocen la mayoría de los datos que deberán ser tenidos en cuenta a la hora de proyectar. En la primera entrevista no se proyecta. No hay suficiente cantidad de datos para hacerlo y se puede quedar atrapado en el propio discurso disciplinar sin atender lo que ocurre alrededor. Un ejemplo es la práctica médica en el consultorio. El médico no diagnostica en la primera entrevista, sino que indica hacer los análisis y estudios necesarios para poder tener un panorama más preciso sobre el cuadro de ese paciente, y a partir de allí puede hacer un diagnóstico del caso. Los arquitectos antes de proyectar necesitan conocer una serie de datos mensurables —**simbólicos** en el lenguaje lacaniano— que son imprescindibles saber antes de empezar a proyectar. La zonificación del terreno, los factores de ocupación (FOS y FOT), la incidencia de las volumetrías linderas y vecinas, el carácter edilicio de la zona, la implantación, el asoleamiento, las vías de acceso a la vivienda, el dinero que ese cliente está dispuesto a invertir en la encomienda, etc. Pero también, y esto es importante que se juegue en la entrevista, es fundamental conocer, a priori, las ideas que ese cliente tiene sobre lo que quiere hacer. Esto último debe ser analizado puertas adentro del estudio porque ofrece un horizonte del lugar adonde el Otro quiere llegar y, a partir de allí, analizar cuáles son las ideas que pueden ser tenidas en cuenta en beneficio de ese rumbo y cuáles pueden descartarse, es decir, comenzar a hacer la traducción. Esta información brindará una composición de lugar mucho más precisa, al igual que lo hacen los estudios y análisis médicos, para entender desde dónde se está partiendo en ese nuevo trabajo y poder hacer un mejor diagnóstico proyectual.

El arquitecto aquí es el que acompaña al cliente en el proceso de descubrir lo que quiere o necesita. La actitud permanente debería ser la del profesional que propone reflexionar sobre la forma de habitar y del hábitat del cliente.

Estas técnicas intentan aportarle al arquitecto nuevas herramientas para poder acercarse al objeto de conocimiento —objeto desde el campo psicológico, no como cosa sino como un otro—, en este caso el destinatario de nuestro proyecto, e intentar dar respuestas disciplinares otras y con un mayor grado de precisión.

4. Traducción

¿Cómo transformamos los datos obtenidos en la entrevista en un proyecto de arquitectura?

Nos interesa resaltar la singularidad de las experiencias en esta técnica. Vamos a relatar algunas experiencias con clientes distintas en formas y contenidos, para ver las sutilezas que implica el tomar a esta técnica como herramienta de trabajo proyectual.

Existen anécdotas, que alimentan el imaginario profesional de los arquitectos en nuestro país, sobre la forma particular de relación con sus clientes de algunas de las figuras más relevantes de nuestra arquitectura en donde establecen una especie de "convivencia" con los mismos saliendo a cenar, al cine, haciendo recorridos por la ciudad, viéndose los fines de semana, etc. Una manera de tomar contacto, de entrar en el universo del Otro, que les resulta efectiva para poder comprender, en parte, el mundo del cliente.

Glenn Murcutt, en su última visita a Buenos Aires, explicaba su manera personal de vincularse con los clientes. Por su forma de trabajar les exige una espera de hasta tres años y, durante el primer año los visita, está en contacto con ellos hablando de sus aspiraciones y deseos comparándolos con las necesidades mientras va elaborando el proyecto. Luego les pide que lo tengan informado de los cambios que aparezcan hasta el momento de comenzar la obra y es conciente que, a lo largo de ese tiempo de espera, pueden variar las necesidades originarias que tenían, e ir cambiando el estilo de vida.

Dentro de los arquitectos del **star system** internacional existen algunos ejemplos en donde, al menos desde la lectura de la obra realizada y del texto que la acompaña, se puede inferir que hubo una intención manifiesta de traducción de las formas de vida del cliente a la arquitectura. Entendemos entonces que la escucha y la comunicación entre cliente y arquitecto tuvieron un espacio significativo en el vínculo que dio lugar a productos arquitectónicos muy caracterizados para cada uno de los destinatarios. Este análisis lo realizó Martín Ferraro,[20] integrante del centro POIESIS, en un trabajo para la materia electiva Investigación Proyectual / FADU-UBA, en donde da cuenta de dos obras de Rem Koolhaas —la **Casa y piscina en Burdeos**[21] y la **Casa en el Bosque**[22]—, y una obra de Ben Van Berkel —la casa **Moebius**[23]— que trabajan en ese sentido.

Sostenemos que la entrevista profesional —que incluya las técnicas o herramientas descriptas anteriormente— es el dispositivo que orienta, colabora y estructura la cantidad y calidad de la información que se necesita recabar para la elaboración de un programa que pueda contener los imaginarios del cliente.

Vamos a relatar un ejemplo de nuestro estudio. Una señora separada con una hija de ocho años, una nueva pareja y un terreno propio, llama al estudio por una consulta de proyecto para una vivienda unifamiliar. Quiere hacer una casa nueva en ese predio. A pesar de nuestra advertencia, no viene con su pareja a la primera entrevista, lo hace solo con su hija. Le preguntamos por la pareja y responde que prefiere que no interfiera en el proyecto, que es una iniciativa personal, que tienen gustos distintos, que es muy probable que se pongan a discutir y no se avance porque va a decir todo lo opuesto a lo que ella piensa, que es mejor que en estas primeras veces participe ella sola. Nos cuenta que no están conviviendo, que tienen planes de hacerlo pero no todavía. Aparentemente, la casa sería un proyecto de ella pero él colaboraría con dinero para la realización, aunque quizá allí no convivan.

En ese momento, con la clienta sentada en el estudio, los planos del terreno en cuestión delante nuestro, su predisposición a charlar sobre las fantasías que le despierta ese nuevo proyecto "propio" y la certeza de saber que está dispuesta a pagar esa consulta tal como lo habíamos acordado telefónicamente (algo poco usual en nuestra profesión), nos inclinan a aceptar trabajar solo con ella y su hija. No pensamos en otra cosa y nos decimos: "No tenemos otra opción". Nos dejamos atrapar por la posibilidad de realizar un proyecto de obra nueva y, en consecuencia, llevamos adelante esa entrevista.

Más allá de la situación amable y amena que transitamos durante esa primera reunión, el tercero en cuestión se hizo presente, y elaboramos algunas hipótesis al respecto. Por un lado la clienta utilizaba a la pareja

---

20. FERRARO, Martín: "De la forma de vida a la forma de la arquitectura. Tres proyectos de vivienda". Apunte de cátedra, Centro POIESIS, FADU-UBA, 2006.
21. OMA, Rem Koolhaas, revista "El Croquis" 1987-1998, N°53+79, 08/2006. < http://www.oma.eu>.
22. OMA, Rem Koolhaas, revista "El Croquis" 1987-1998, N°53+79, 08/2006. < http://www.oma.eu>.
23. <http://www.unstudio.com/projects/name/M/1/118>.

ausente para depositar sus propios desacuerdos, como una forma de defender sus ideas y evitar así una confrontación directa con los arquitectos. Por otro lado, aparecían condicionamientos de gustos y estilos —clásicos, de ideas conservadoras— de ese miembro ausente, que eran traídos por la clienta y que no eran posibles de discutir abriendo los significados de esas interpretaciones, sin embargo esas opiniones iban determinando el rumbo del proyecto. Tampoco quedaba claro quién o quiénes iban a ser los financistas del proyecto, y esta situación confusa era utilizada para inclinar la balanza para el lado que más convenía cuando se debatían las ideas, y a partir de allí no había posibilidades de profundizar en ese tema.

El proyecto no terminaba de anclar en un rumbo consensuado y, como conclusión, luego de la tercera reunión la señora no volvió más por el estudio y dio por terminado el vínculo.

En este caso, podríamos pensar que el tercero excluido funcionó como un obstáculo. Creemos que la inclusión de este personaje hubiera sido necesaria porque allanaría el camino, destrabando y desarticulando las fantasías que generó ese miembro ausente. Su ausencia en realidad era una presencia que circuló durante las entrevistas y fue actuando como obstáculo en la comunicación y el vínculo.

Cuando la clienta hablaba en nombre del miembro ausente, una intervención eficaz de nuestra parte hubiera sido seguir convocándolo para que hable por él mismo. Mostrarle que el diálogo se enriquecería si el otro estuviera presente.

Otro ejemplo. Un consultorio médico.

La entrevista se realizó en el departamento recién comprado y absolutamente vacío.

Al principio percibimos que no era clara la necesidad de la asistencia profesional. Empezamos a charlar sobre las ideas que el cliente pensó y que unos amigos le dieron sobre como adaptar el lugar a sus necesidades.

Primero escuchamos las propuestas, tratando de ir apuntando cuáles eran las actividades que se desarrollarían en el lugar y cuáles las que suponía que se desarrollarían más adelante. También le explicamos, actuándolo en el espacio del lugar, cómo iban a quedar algunas de las soluciones que proponía.

Luego, con el mayor cuidado posible, comenzamos a esbozar otras ideas para ver que reacción aparecía en la gestualidad del cliente y cómo iba incorporando lo que se le decía.

Algunas sugerencias fueron bien recibidas entendiendo que con ellas se evitaban una serie de complicaciones. La visita al lugar duró noventa minutos, y concertamos una nueva reunión para dentro de una semana. Pensamos que ese tiempo nos daba la posibilidad de ir elaborando cada uno por su lado todo lo que se había charlado.

La segunda reunión fue en el departamento donde vivía el cliente, sin ir a la obra. Primero expusimos la idea que tenía el cliente, desplegando las ventajas y luego las desventajas de esa variante porque sostenemos que, en la mayoría de las situaciones como ésta es lo más conveniente, ya que cuando el cliente tiene una idea previa sobre algo, no es efectivo ni amigable que se comience criticándolo. No obstante la propuesta tenía ideas interesantes para desplegar y era positivo decirlo, pues ponía en valor la mirada que tuvo sobre su nuevo espacio de trabajo. Acto seguido, desarrollamos otra variante, siguiendo el mismo camino. A medida que el cliente iba entendiendo la segunda opción fue adoptándola como la mejor de las dos, hasta que se decidió completamente. Comparamos beneficios y dificultades y no tuvo dudas sobre cuál elegir. A partir de allí trabajamos esa variante y la presupuestamos. Al presupuesto de máxima decidió recortarlo a uno posible a su bolsillo y tratar de eliminar lo que no era imprescindible. Así lo hicimos y aprobado el presupuesto definitivo, establecimos un día para comenzar a trabajar.

En este caso, ante una evidente resistencia al cambio jugada por el cliente, el ofrecimiento de trabajar con su propuesta en primer término y luego avanzar con otras ideas facilitó la escucha, permitió el espacio de la discusión, evitando fantasías de la imposición de ideas que podían obturar el vínculo y la comunicación, y llevó a buen puerto el desarrollo de todo el proceso proyectual.

5. Epílogo

Creemos que la entrevista —desde la primera, como la más decisiva, hasta la última— es el eje de la relación entre arquitecto y cliente. Esta relación puede constituirse en una técnica por medio de la cual vamos a poder indagar sobre las significaciones sociales imaginarias del mismo, sobre sus deseos y sus dificultades y, a partir de allí, intentar la traducción al lenguaje de la arquitectura a través del proyecto.

Es un instrumento flexible, y la forma de utilizarlo estará directamente relacionada al objeto de estudio específico (no es lo mismo una familia nuclear que una familia ensamblada, o una empresa familiar que una multinacional).

El curso de la entrevista y la adecuada interpretación de los datos que de ella se obtienen estarán en función de la capacidad del entrevistador de poner su propia subjetividad al servicio de la investigación analizando sus propias reacciones, sus emociones, utilizándolas como indicadores de lo que ocurre en la interacción, reflexionando acerca de la forma de insertarse en el universo del otro y de los roles que en él se le asignan a fin de comprenderlos y desarticularlos.

Las destrezas y habilidades que tenga el arquitecto-entrevistador como creador de diálogos para establecer una relación con el interlocutor en donde éste perciba la confianza necesaria para abrirle su intimidad no es condición suficiente para el uso de la técnica de la entrevista profesional en arquitectura.

El buen funcionamiento y la utilidad de la entrevista, desde nuestra concepción o teoría de la arquitectura, hace necesaria la comprensión por parte de los arquitectos que —si están abiertos a escuchar—, en el discurso verbal y no verbal del cliente, y en sus espacios de uso cotidiano van a encontrar una enorme cantidad de materiales proyectuales que harán de esa obra una pieza única, original, creativa, en consonancia con el espíritu epocal y las formas de vida del cliente.

Bibliografía:

ADAMSON, Gladys: Hábitat para la Emergencia Social y Ambiental. Nobuko, Buenos Aires, 2008.

AGUILAR, José María: Entrevista en profundidad. Lumen-Hvmanitas, Buenos Aires, 1999.

BERENSTEIN, Isidoro: "Notas sobre la subjetividad, el hábitat y la clase media". Coloquio "La arquitectura para la clase media". POIESIS-FADU-UBA, 2006.

BERSTEIN, Marcos: "Apertura a nivel grupal", Revista Clínica y Análisis grupal N° 21. Fundamentos, Madrid, 1980.

BLEGER, José: Temas de psicología (entrevista y grupos). Nueva Visión, Buenos Aires, 2007.

CASTORIADIS, Cornelius: "Técnica". Revista Artefacto # 5, Pensamientos sobre la Técnica. Grupo Editor, Buenos Aires, verano 2003-2004.

DE QUIROGA, Ana P.: "Operación y Actitud Psicológica". Clases de 3° y 5° año. Ediciones Cinco, 1982-1984.
— "Proceso de constitución del mundo interno". Ediciones Cinco, Buenos Aires, 1992.

DUFFAU, Pedro: "Constantes del encuadre en psicología social". Clase en E.P.S.S., Buenos Aires, 1987.

HALFÓN, Marcelo: "Vínculo y familia". Clase en Universidad de Quilmes.

MANNONI, Maud: "La primera entrevista con el psicoanalista". Gedisa, Buenos Aires, 2001.

PICHON-RIVIERE, Enrique: "Vínculo". Clase dictada en la 1° Escuela Privada de Psicología Social el 27-05-1975.

SARQUIS, Jorge: "Espacio familiar Inconsciente". Curso dictado en FADU-UBA, Buenos Aires, 1986.
— Itinerarios del proyecto 1 - Ficción epistemológica - Nobuko, Buenos Aires, 2003.

Innovación tecnológica y arquitectónica

Eduardo Bekinschtein
ARQUITECTO; DIRECTOR DEL PROGRAMA NexT - SCA. DOCENTE E INVESTIGADOR FADU-UBA.

El Programa Next, "Nuevas Experiencias en Tecnología", se desarrolla, a partir de 2005, mediante charlas y mesas redondas dictadas en la Sociedad Central de Arquitectos. A lo largo de estos tres años participaron asesores destacados en las distintas especialidades de la arquitectura; profesionales que expusieron sus experiencias en obras proyectadas y construidas, y técnicos especialistas de cada una de las empresas participantes.

Todos los que expusieron en estos encuentros tuvieron una consigna común: hablar sobre las innovaciones tecnológicas que se estaban produciendo en nuestro país y en el mundo en el campo de la arquitectura y la construcción.

Me interesa destacar en estas líneas algunas reflexiones surgidas a lo largo de este período en el que se dictaron más de cincuenta charlas y que abarcó la mayor parte de las especialidades que participan en una obra arquitectónica.[1]

Una de las primeras conclusiones es que el 95% de los nuevos materiales y/o nuevos sistemas constructivos que se expusieron son productos

---

1. Ver el listado de CONFERENCIAS y PONENCIAS al final de este capítulo.

generados en los países desarrollados, especialmente en los países europeos, Japón y los Estados Unidos.

Salvo algunas pocas excepciones –como por ejemplo el desarrollo de construcciones en madera y sistemas de bloques de hormigón para la construcción de barrios de vivienda social–, la casi totalidad de las exposiciones mostraron productos que se importan ya terminados o se arman en nuestro país con materia prima e ingeniería provenientes del exterior.

Esto revela, por una parte, la escasa cantidad de proyectos de investigación y desarrollo a nivel de las universidades y centros de investigación científico-tecnológicos, y la todavía menor en las empresas del sector.

La tradición profesionalista en la formación de los arquitectos y la poca consideración del componente tecnológico son causales de la escasez de investigaciones en las Escuelas de Arquitectura.

Por otra parte, la tradición empresaria en nuestro país ha sido, en general y con pocas excepciones, la de reproducir (léase copiar), con mayor o menor calidad, productos y sistemas provenientes del exterior.

Es de esperar que las nuevas condiciones de la economía, promuevan la preocupación empresaria por generar proyectos de investigación y desarrollo, que reúnan ciertamente condiciones de riesgo, pero también alta rentabilidad en los casos exitosos.

Desde el punto de vista del análisis general en relación con el panorama de las innovaciones se puede obtener una segunda conclusión, referida a la motivación que genera la investigación y el desarrollo de las innovaciones.

Dos de las razones más comunes para que la industria de la construcción haya generado objetos innovadores en los últimos años son, por una parte **las necesidades de ahorro energético y de preservación del medio ambiente (condicionante N° 1)** y por otra, **la necesidad de seguridad pública y privada ante la proliferación de la violencia, ya se trate de violencia urbana o del terrorismo (condicionante N° 2).**

Consideremos la primera condicionante.

Si, como sostienen en su intervención los profesores John M. Evans y Silvia De Schiller, "entre el 35% y el 40% de los recursos energéticos utilizados en nuestro país se destinan al hábitat construido y además la dependencia en la utilización de los combustibles fósiles no renovables representa el 89.2 % del total consumido", es harto evidente la necesidad perentoria de adecuar la producción a estas condicionantes.

Pero, si bien se han producido algunos desarrollos en el campo de las energías no tradicionales, como la energía eólica, los colectores solares y sistemas fotovoltaicos, éstos no pueden prosperar en un ambiente de tarifas subsidiadas. Es decir, mientras en nuestro país la energía sea relativamente barata para la mayor parte de los usuarios, es difícil que prospere cualquier tipo de energía no convencional. Sin embargo, hemos visto numerosos ejemplos de edificios de gran interés arquitectónico realizados en otros países en los que los elementos de captación de energía, no sólo forman parte de la envolvente arquitectónica, sino que le otorgan su carácter particular. (fotos)

En ese sentido, la mayor parte de la innovación en el diseño y la realización de las fachadas y las cubiertas está teñida por la necesidad de disminuir las pérdidas de energía entre el interior y el exterior de los edificios y, en consecuencia, de reducir el consumo de combustible para los sistemas de acondicionamiento de los edificios.

Como expresaba el Arquitecto Guillermo Marshall, consultor de vasta experiencia en este tema: "Mucho se ha evolucionado desde las primitivas fachadas de piedra, con agujeros rellenados con pieles engrasadas a las más modernas fachadas interactivas, dobles, sustentables, con materiales de altísimo desarrollo tecnológico como los cristales cromogénicos (cambian de transparencia ante estímulos como el calor, la luz o la electricidad), o los cristales selectivos que dejan pasar la luz que incide en determinado ángulo y en otros se comportan como opacos, o las fachadas hechas íntegramente en cristal como elemento estructural, o las "fachadas media" que son verdaderos instrumentos de comunicación como el NASDAQ en New York, a veces simplemente contando la realidad en tiempo real como en las fachadas de Michael Jantzen".

"Hoy en día, a las fachadas se le exigen muchas y muy diferentes prestaciones: que sean durables, capaces de absorber movimientos, resistentes a las cargas, que conserven o disipen el calor, que controlen la radiación solar, que aíslen de los ruidos, que resistan al fuego, que sean seguras y eviten la intrusión o ataques de terrorismo, que protejan de descargas atmosféricas (tan frecuentes hoy en día), que impidan vibraciones, infecciones, infestaciones, etc."

"Indudablemente si hablamos de tecnología en la construcción, las fachadas representan el componente que más ha evolucionado no solo a lo largo de la historia del hombre, sino en los últimos 50 años. Pensemos solamente que dos de los elementos más usuales hoy en día en las fachadas aparecen en este periodo: el aluminio y el vidrio float (que permitió el desarrollo de tantos tipos de vidrio: laminado, reflectivo, de seguridad, etc.) además de materiales no menos importantes como los selladores de siliconas, polímeros para guarniciones, acabados, el PVC en las fachadas, etc."

Las fachadas de doble y triple vidriado hermético con ruptura de puente térmico, por ejemplo, son la expresión más ajustada de estas consideraciones, apoyada en el desarrollo de nuevos materiales –como el PVC– o incorporando diseños más elaborados en materiales más tradicionales como el aluminio.

Por otra parte, sostiene el Arquitecto Enrique Viola, "un material que comienza a utilizarse en la arquitectura es el cristal líquido". Los cristales líquidos exhiben la dualidad sólido-líquido, es decir que simultáneamente poseen las propiedades de ambos. Sus propiedades ópticas se asemejan a las de los cristales como, por ejemplo, reflejar colores diferentes dependiendo del ángulo bajo el cual se les observe. Se los utiliza para fabricar dispositivos electrónicos, como los indicadores electro-ópticos que muestran letras y símbolos diversos en las calculadoras o relojes electrónicos.

También se fabrican pantallas de TV extraordinariamente delgadas y hacen posible el desarrollo de ventanas o cortinas que accionando un interruptor o un variador de corriente se hacen transparentes u opacas. Con este material se han desarrollado ventanas de cristal líquido con transparencia controlable que permiten controlar la luz que ingresa a los locales. Estas ventanas están formadas por un estrato de cristal líquido encerrado entre dos vidrios y controlado por electrodos. La corriente eléctrica modifica el ordenamiento de las moléculas del cristal líquido enturbiando el cristal y produciendo su oscurecimiento...o viceversa"

¡Pensemos en las implicancias formales y funcionales que pueden tener estos desarrollos en el futuro del diseño arquitectónico, a medida que estas tecnologías se extiendan y se puedan obtener a valores razonables!

Si hablamos de "la envolvente arquitectónica" en las cubiertas, hay dos materiales que se destacan por su impacto en el mejoramiento de las condiciones de confort y en el ahorro energético (aislación térmica y acústica). Ellos son las espumas rígidas de poliuretano y las placas de poliestireno expandido (telgopor).

También la condicionante medioambiental aparece en el campo de las terminaciones. En el área de las pinturas y barnices los desarrollos más innovadores –las pinturas sin olor– corresponden a la utilización de vehículos menos agresores del medio ambiente, algo similar a lo que ocurre con los refrigerantes en los equipos de aire acondicionado, agentes causantes de la disminución de la capa de ozono en la atmósfera (condicionante N° 1).

Analicemos ahora el desarrollo de la domótica que, según detalla el asesor del programa en el área de las instalaciones complementarias arquitecto Enrique Viola, "se trata de un sistema integrado de aplicaciones electromecánicas de control y maniobra, con el objeto de lograr economía en el gasto de energía, conseguir seguridad y confort para el usuario. Las principales ventajas obtenidas mediante esta tecnología es la reducción de costos por medio de un óptimo uso de los recursos, incremento de la seguridad, mayor eficiencia de los servicios, desvinculación personal de las tareas periódicas, obtención de información, mejora en la habitabilidad, etc.

Los rubros que se pueden controlar o maniobrar a través de la domótica son entre otros: Iluminación, ascensores y montacargas, control de accesos locales y remotos, circuitos cerrados de TV, sistemas de seguridad, sistemas de detección y extinción de incendio, y el conjunto de las instalaciones sanitarias y de electricidad. Con ello se puede incorporar al control automatizado, la gestión energética de la red pública y el control del suministro de fuentes alternativas de energía, incluido el control de demanda de consumos y el control de eficiencia de equipos (condicionante N° 1) y también la seguridad en los edificios, incluido el control de accesos y control de fugas de gases (condicionante N° 2), además de una serie de funciones que se relacionan con el mayor confort de los usuarios como el control centralizado de luces, el comando de tomas conectado a los electrodomésticos, avisadores telefónicos, etc. y la automatización de tareas rutinarias y/o tediosas."

Es decir, la posibilidad de controlar a distancia el comportamiento de las instalaciones de un edificio implica, seguramente, un componente de confort para los usuarios, pero es evidente que sus mayores ventajas están en las posibilidades del control energético (control de la iluminación, aire acondicionado, riego, etc.) y en las condiciones de seguridad (control de accesos, encendido automático de luces, sistemas de oscurecimiento, alarmas).

En el campo de la conducción de fluidos en los edificios, especialmente en las instalaciones sanitarias y de gas, la incorporación de nuevos materiales y sistemas han modificado en buena medida el proceso de diseño (con programas de computación específicos que suministran los productores) y los tiempos de realización.

Es importante mencionar además, la flexibilidad formal y la reducción de los espacios para montantes que permiten estos materiales a la hora del proyecto y, a posteriori, en la etapa de mantenimiento de las obras realizadas.

Podemos mencionar entre otros, las instalaciones en polipropileno, que se utilizan en sistemas de desagüe, provisión de agua, caños de calefacción, etc. la utilización del polietileno reticulado y el policloruro de vinilo (PVC). Este producto es mayormente utilizado en la construcción para cañerías y aberturas, y si bien se emplea en nuestro país desde hace muchos años, las mejoras tecnológicas que ha incorporado lo han transformado en un material cada vez más confiable.

En las instalaciones de electricidad la fibra óptica ha ido sustituyendo gradualmente a cierto tipo de cables, y su uso se ha incrementado notablemente en los últimos años. La fibra óptica es un medio de transmisión de datos que se realiza a través de un filamento de vidrio o plástico. Con respecto a los cables de cobre tradicionales, es más barata por unidad de longitud, es más delgada y produce menor degradación de señal.

Como las señales de luz no se interfieren entre sí como las señales eléctricas, se necesita menor potencia, menores secciones de cañerías y en definitiva menor inversión.

Otro sistema utilizado en el campo de la transmisión de datos son los sistemas inalámbricos —la tecnología sin cables—, la cual permite por ejemplo la conexión de varios computadoras entre sí, evitando los consabidos problemas del tendido de canalizaciones. El uso de esta tecnología permite dejar de lado las limitaciones del espacio y posibilita una mayor flexibilidad de diseño y funcionamiento.

En el campo de la iluminación, la nueva tecnología del "led", basa su desarrollo y su difusión acelerada en el ahorro energético –el consumo es mínimo– y en la prolongada vida útil de estos productos. Por otra parte, los nuevos sistemas, artefactos y lámparas, cambiaron la percepción, tanto en el interior como en el exterior de los edificios. Los efectos que pueden lograrse, las transformaciones cromáticas, la mayor potencia de las luminarias y la voluntad de usuarios y proyectistas de destacar la obra del conjunto han producido modificaciones en el paisaje urbano. Basta comparar fotografías y films de algunos años atrás con producciones actuales para apreciar estas transformaciones. Estos cambios se perciben con mayor intensidad en la arquitectura comercial y los edificios corporativos. Además, los sistemas de iluminación vertical sobre los muros modifican también la percepción del espacio.

Los muros iluminados desde el piso ó desde el techo redefinen la caja arquitectónica de la misma forma que la iluminación vertical en fachadas -los llamados "bañadores de pared "- definen el espacio urbano y contribuyen a revalorizar los edificios patrimoniales y en la ciudad aparecen escenografías cambiantes.

La innovación en el campo de los ascensores, ofrece un ejemplo interesante de estos conceptos: por una parte, los desarrollos tienden a reducir el consumo de los motores de tracción, al eliminar el uso de los sistemas de corriente continua y establecer la programación informática del tráfico y, por otra parte, se han logrado nuevos sistemas de control de ingreso para los usuarios que, a la vez que organizan los traslados –ahorro energético–, permiten establecer estrictas normas de seguridad para el ingreso y circulación en los edificios, especialmente en aquellos de gran porte.

Resulta claro que la mayor parte de las innovaciones que estamos utilizando han sido posibles por el desarrollo acelerado de la informática y los avances de la física y la química, bases científicas de las aplicaciones tecnológicas.

En ese sentido, según el Ing. Alberto Fainstein, destacado asesor estructural, "el uso de la computación para el cálculo de estructuras, ha transformado el diseño estructural en las últimas décadas. Los programas disponibles resultan una herramienta eficaz para el estudio de los comportamientos estructurales, y han posibilitado una mayor flexibilidad de diseño en base a una capacidad de cálculo casi ilimitada. Los modernos programas de elementos finitos visualizan deformaciones estructurales en forma estática y dinámica en tiempos insignificantes, permitiendo al ingeniero estructural interactuar con su diseño.

Por otra parte, la investigación y desarrollo de los componentes del hormigón y las tecnologías de su producción y transporte han modificado las calidades de los hormigones, que han evolucionado en nuestro medio desde los H13, H17 y H21 de principio de los años '90, a valores de H30, H38, H47, H60 y ya se proyectan estructuras con H80 lo que ha posibilitado la realización de edificios con formas y alturas, que sin estas innovaciones hubieran sido impracticables".

A estos denominados "hormigones de alto desempeño" podemos agregarle el desarrollo de los hormigones reciclados, producto de la reutilización de estructuras obsoletas y algo que hasta ahora era poco concebible, los hormigones translúcidos (¡!) con agregados inertes de fibra de vidrio (Ing. Beker, Loma Negra S.A.).

Aquí cabe preguntarse en qué medida los arquitectos, mediante sus proyectos, participan de esta modificación de las condiciones tecnológicas de los edificios. Es decir, cómo incorpora la arquitectura las nuevas condicionantes y las nuevas posibilidades que la tecnología está proponiendo.

En una visión general, pienso que los arquitectos somos principalmente "consumidores" de estas nuevas tecnologías, y nuestra participación en este proceso tiene mayor relación con las formas que con la materialización de las obras.

La ignorancia o el desprecio de los componentes constructivos restringen el campo de acción de los arquitectos y contribuyen a la reducción del campo profesional. Creo que es fundamental generar cambios en la formación y en la cultura profesional, para que la integración de la variante tecnológica en el proyecto constituya un factor tan valorado como los aspectos formales en el diseño de los edificios. Creo que la multiplicación de programas y cursos como los que desarrollamos están orientados en esa dirección.

La realización del FORUM INTERNACIONAL DE FACHADAS Y CUBIERTAS "LA ENVOLVENTE ARQUITECTONICA" que surgió como ampliación temática del Programa NexT, contribuyó al conocimiento, la difusión y la discusión de nuevas tecnologías en un sector específico.

CONFERENCIAS

· Fermín Vázquez | España | 'El papel del Arquitecto'
Presentación: Guillermo Marshall
· Rafael de La-Hoz | España | 'Fenomenología de la Envolvente cuando es arquitectónica'
Presentación: Luis Grossman

PONENCIAS

· Dra. Arq. Graciela Silvestri | 'El valor público de la fachada'
· Dr. Arq. Jorge Sarquis | 'Fines, tectónica y carácter'
· Prof. Claudia Amil de van Tienhoven | 'AEDIFICATORIA, un aporte filosófico'
· María Nélida Jerez | 'Lo que significa la envolvente del espacio contemporáneo, en el contexto de la globalización'
· Ing. Eduardo O. Spósito | 'Lecciones aprendidas aplicadas a nuevos desafíos de diseño de fachadas y cubiertas'
· Dr. Ángel Rinaldi | 'Fachadas con diseño y color. 2500 años de historia y actualidad'
· Arq. Jorge Barroso | 'La envolvente arquitectónica. La fachada en trama de madera'
· Arq. Ma. Florencia Murillo Dasso | 'La fachada como medio de comunicación:la identidad en la piel'
· Arq. Javier M. Bonavera | 'Termografía infrarroja: Análisis y diagnósticos en edificios'
· Prof. Cristina Pardal | 'Evolución de la fachada ventilada y propuesta de futuro'
· Arq. Paulo Duarte | 'El clima como determinante de las tecnologías'
· Ing. Asier Maiztegi | 'Envolventes arquitectónicas proyectadas criterios de "sostenibilidad ambiental"'
· Dra. Arq. Silvia de Schiller | 'Sustentabilidad de envolventes edilicias. Nuevos enfoques de protección solar en fachadas'
· Ing. Alberto Fainstein | 'Ensayos en túnel de viento y ensayos de carga para fachadas'
· Ing. Ángel Lanchas | 'Laboratorios de ensayos para fachadas ligeras: Herramienta básica para proyectar'
· Arq. Karina A. Tarrisse | 'Adaptación de un sistema standard de piel de vidrio a una zona sísmica'
· Téc. Alejandro Vera | 'Fachadas Inteligentes'
· Arq. Juan Niilus | 'La Ley de vidrios de seguridad'
· Ms. Martina Schwippl | 'La fachada estructural a su máximo nivel de ahorro energético'
· Sr. Héctor Scerbo | 'Atributos funcionales y emocionales de las cubiertas inclinadas'
· Arq. Guilllermo Pasina - Ing. Juan Pablo Pasture | 'La Luz como proyección decorativa y embellecimiento de ciudades'
· Ing. Ricardo Hofstadter | 'El rol del consultor de iluminación (LD) en el diseño de fachadas'
· Prof. Arq. J. Escribano Villán - Prof. Arq. J. M. Martínez Rico | 'Master de Arquitectura en Fachadas Ligeras'

www.ingramcontent.com/pod-product-compliance
Lightning Source LLC
Chambersburg PA
CBHW071419150726
48000CB00001B/400